中西宏次

京都の坂

洛中と洛外の「境界」をめぐる

明石書店

はじめに

「坂の街」といえば、まず想起されるのは長崎、尾道、函館などでしょうか。東京にも個性豊かな坂がたくさんあります。しかし、京都の街のイメージのなかに、「坂」はそれほど大きな存在感はないようです。あえて言えば、清水寺近くの三年坂（産寧坂《さんねいざか》）あたりが「京都らしい」一角として観光客に人気があり、土産物屋などが建ち並んでいるぐらいでしょうか。

しかし、京都は盆地のなかの街であり、街をとりまく三山（東山、西山、北山）の麓には無数の坂があります。特に、京都とその周辺部とを結ぶ主要な交通路が三山にかかるあたりには、京都と外部の境界として固有の歴史を刻んできた坂があります。それらの坂のなかから、「清水坂《きよみずざか》」、「逢坂《おうさか》」、「長坂《ながさか》」、「狐坂《きつねざか》」という四つの坂を選び、その歴史と現在《いま》を探訪してみたいと思います。詳しくはそれぞれの坂の章に譲りますが、ここでは各坂の歴史を見ていく際の一、二のポイントを記しておきます。

まず第一章・清水坂。この坂の歴史を辿ると、「坂」というのは単に「坂道」であるだけでなく、「境界」であったことがよくわかります。というのは、昔の清水坂の中心は、現在の松原通大和大路交差点付近で、東西の通りである松原通は東山に向かって少し上り坂にはなっていますが、大した勾配ではありません。そこがなぜ「清水坂」と呼ばれたのか？

次に第二章・逢坂。この坂は山科《やましな》と大津の境にある坂で、坂を東に越すと畿内を離れ近江《おうみ》の国です。京の都を出て東へ旅する人には、逢坂を越す時にはひときわ境界を越えるという感慨が湧いたことでしょう。しかし、東から京をめざす旅人は、逢坂を越えてもそこはまだ山科で、京都に入るには山科盆地を横切り、山科と京都の境にある九条山（日ノ岡の坂）を越えなければなりません。ということは、山科盆地全体が京都（都）と近江（外部）との境界だったということで、逢坂は境界としての山科を象徴する坂でした。そこで生きたという歌人・蝉《せみ》丸《まる》の伝承が、時代によって大きく変転したのはなぜ？

次に第三章・長坂。この坂は京都の北西部・清滝川（桂川の支流）の谷筋から山越えで鷹ヶ峰に出る山道で、文字通り長い坂なのですが、鷹ヶ峰から千本に出る坂の南端では京都の歴史の変転を画する多くの出来事がありました。戦国期の船岡城攻防戦、近世の御土居《おどい》築造、光悦村の形成など。その過程で街道沿いに新たに造られた被差別集落とは？　またその前史は？

最後に第四章・狐坂。この坂は京都と岩倉の境にあり、かつては荷車の通行が難しい交通の難所でした。岩倉は、京都とこの坂などによって隔てられた別世界だったのです。しかし、日帰りの往来が可能な範囲だったので、さらに遠い丹波・丹後・若狭《わかさ》などとはまた違う地域性を持っていました。岩倉も山科と同じく京都盆地に付随する小盆地ですが、岩倉盆地全体が京都と外部との境界だったと位置づけられます。その岩倉に、京都から狐坂を越えて送られていたものとは？

これらの坂の歴史は、京都の歴史全体からみればマイナーなもので、今まであまり顧みられていません。しかし、坂を「主」とし、京都を「客」として見れば、従来語られてきたのとはまた違う京都史が見えてきます。坂から見る京都市街が、日常見慣れた京都の風景とは異なるように。

ただし、坂が明らかに独自の場だった時代は過去のものになってしまいました。今、坂は車や電車であっという間に越してしまいます。坂の歴史の固有性は、坂を歩いて意識的に見なければその残像すらとらえることはできません。坂＝境界の自明性がなくなってしまった時代に私たちは生きているのです。

では、境界としての坂は、完全に過去のものになってしまったのでしょうか？
私は、京都の坂を調べ始めた頃、坂の固有性の歴史は終わったものだと考えていました。しかし、坂を何度も歩いているうちに、それは違うと思うようになってきたのです。というのは、それぞれの坂の地元で、その歴史を踏まえながら、その地の「良さ」を共有し、地域を活性化していこうとする取り組みが始まっているのを見聞したからです。

詳しくは各章をお読みいただきたいと思いますが、これらの取り組みは日本社会全体の将来にとっても大きな意味を持つのではないかと私は考えています。なぜなら、今日本では地方の衰退が顕著になっていて、山間部で何百年間も続いてきた集落が次々に廃村になったり、「消滅危惧自治体」が云々されたりしています。このまま地方が活力をなくしていくならば、東京大都市圏をはじめとする都市部だけに人が集中して住み、それ以外の土地は単なる後背地になってしまって、その内部には荒涼たる廃墟や荒地が点在し、それが虫喰いのように徐々に拡大していくという悪夢が現実のものになるかもしれません。そうなれば、「中心」＝都市部も根無し草となって、結局衰退していくしかないのです。

「中心」と「外部」との交換・交流が正常なものであれば、その境界である「坂」も独自の機能をはたしていて、そこには活気があるはずです。話を京都に戻すと、一般的なイメージとしての「京都らしさ」とは、古都として昔の良さが残っている、そのため訪れる人の心が安らぐといったものです。しかし京都は、単に古いものが残っているだけの町ではありません。「古くて新しい町」とも言われるように、古いものを残しつつダイナミックに変わってきた町でもあります。そして、過去の京都が更新・再生されてきたのは、京都の中心部を支える外部＝丹波・丹後・若狭・近江・南山城などとの間で物資や人の活発な往来があったこと、かつ外部や、とりわけ境界＝坂には特有の異質な文化（カウンターカルチャー）があり、それと中心部の文化との交流の回路があったからこそ、なのです。この回路は、いったん歴史上最悪の状態にまで陥ったのではないかと思うのですが、いま少しずつ再生しつつあるように見えます。

本書でその現状の一端を描くことができれば、私が坂を繰り返し探訪した意味もあるかと思います。

では、清水坂からご案内しましょう。

京都の坂

——洛中と洛外の「境界」をめぐる——

目次

第二章　逢坂　57

第三章　長坂　141

第四章　狐坂　179

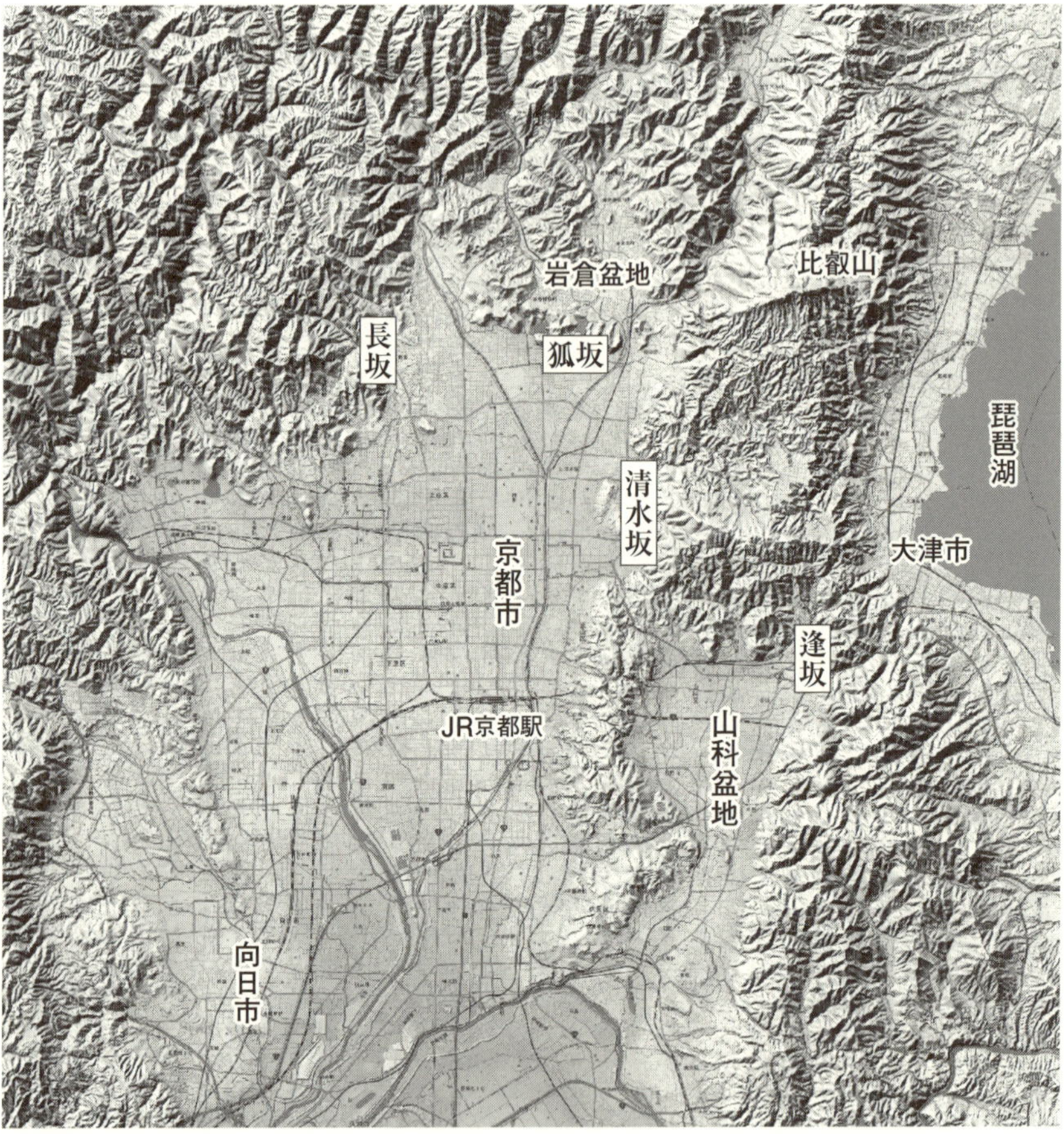

【京都盆地周辺と四つの坂の位置】
（国土地理院地図をもとに3D カシミール〈http://www.kashmir3d.com/〉により加工して作成）

第一章 清水坂

六道まいりの「水回向」（珍皇寺）

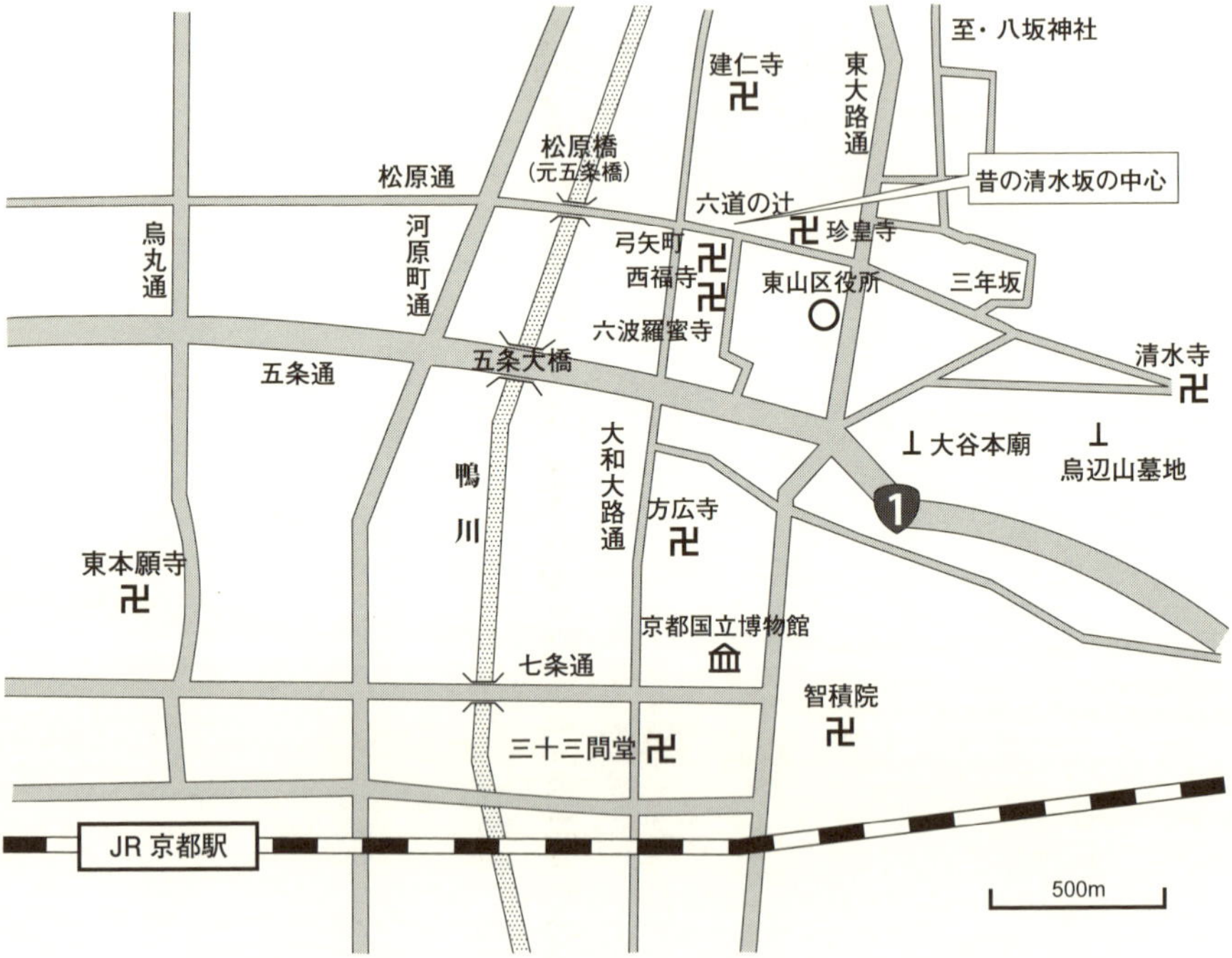

至・八坂神社
建仁寺
東大路通
松原橋
(元五条橋)
松原通
昔の清水坂の中心
六道の辻
珍皇寺
烏丸通
河原町通
弓矢町
西福寺
東山区役所
三年坂
六波羅蜜寺
五条大橋
清水寺
五条通
大谷本廟
烏辺山墓地
大和大路通
鴨川
方広寺
東本願寺
京都国立博物館
七条通
智積院
三十三間堂
JR 京都駅
500m

【清水坂付近略地図】

一　清水坂を歩く

昔の清水坂

「清水坂《きよみずざか》」と聞けば、今では京都の人でも東大路通から清水寺に向かって上がっていくかなりの急坂を思い浮かべるのではないでしょうか。しかし、中世にさかのぼると清水坂はそれよりもっと西、今でいうと松原通大和大路の界隈を指していました。

古い史料には「清水坂下」と記されているものもあるのですが、次第に「清水坂」あるいは単に「坂」と称され、そこに住む人たちは「坂の者」と呼ばれるようになりました。平安時代末から中世にかけて、この地には明らかに一つのまとまりを持つ地域社会が形成され、同時代の人たちは「清水坂」あるいは「坂」と聞くだけでその地域性のイメージが湧いたと思います。そうした地域性は、時代により変質しながらも、大きくいえば明治の初め頃まで続きました。いまではその地域性は雲散霧消していますが、意識的に歩けば「名残り」、「記憶」の断片は見つけることができます。まず、この地を歩いてみましょう。

天狗の酒盛り

松原通大和大路の交差点は、今では何の変哲もない交差点ですが、かつて大和大路通は京都から奈良へ向かう大和街道のルート、松原通は豊臣秀吉が新五条通と五条大橋を開通させるまでは平安京の五条大路でしたから、この二つの主要道が交わる交通の要地でした。ここから松原通を東に向かうと、ゆるやかな上り坂になっていきます。

「愛宕念仏寺元地」碑

旧松原警察跡地（左）現在はマンションになっている

左に見えている白い塀の内側には、かつて松原警察署（現東山警察署）がありました。ここからしばらく行くと、北側の道端に「愛宕念仏寺《おたぎねんぶつじ》元地」という小さな石碑があります。よく注意しないと見過ごしてしまうぐらい目立たない石碑です。愛宕念仏寺がここにあったのは一九二二（大正十一）年までで、今は嵯峨野《さがの》に移り、「五百羅漢の寺」として知られています。寺がこの地にあった頃は、そこで正月に犬神人《いぬじにん》たちが「天狗の酒盛」をするのが習わしでした。一六七六（延宝四）年刊の『日次《ひなみ》紀事《きじ》』（黒川道祐《どうゆう》著）は、当時の京都での年中行事の様相を正月から順に記したものですが、その正月二日の記事に次のようなものがあります。

愛宕寺牛王《ごおう》加持　清水坂の西に在り、今日夜に入りて弦指《つるさし》〔犬神人のこと〕客殿に聚《あつ》まり、南北二行に列座す。各宴飲し、其の座上に在るの人、倍木《へぎ》を持ちて起ちて舞う。是れを天狗の酒盛という。

（〔　〕は引用者による）

この酒宴のあと彼らは本堂に移動し、法螺貝《ほらがい》を吹きながら各自が手に持った牛王杖で床や壁を叩いて大きな音を出します。その間に寺僧らが牛王札を貼り「邪気を払い」ました。「牛王」というのは「牛頭天王《ごずてんのう》」のことで、犬神人が属していた祇園社《ぎおんじゃ》（今の八坂神社）の祭神の一つです。またこの時に犬神人のなかから夏の祇園会（祇園祭）神幸列《しんこうれつ》を先導する六人の「棒の者」が選ばれました。その前日、すなわち正月元旦の早朝の寅の刻、犬神人たちは禁裏日華門の前で毘沙門《びしゃもん》経を誦じる慣わしもありました（『諸国年中行事大成巻一』文化三［一八〇六］正月元日の項他）。この時間帯には天皇が清涼殿東庭に出て四方拝を行います。さらに松の内にかけて、犬神人たちは赤上衣に白覆面姿で京都市中に「懸想文《けそうぶみ》」を売り歩きました。これは縁起物で、良縁・商売の利などを願って庶民が買い求めたのです。「犬神人」は祇園社に所属する下級神職ですが、彼らの本拠地はこのあたりでした。犬神人の由来・歴史は後で詳しく述べたいと思います。

六道の辻　右のお寺が西福寺

あの世への入口

石碑地点から東へ行くとすぐ、T字路に出ます。南側の角は西福寺《さいふくじ》というお寺です。この辻が「六道《ろくどう》の辻」です。六道の辻を右折（南へ）すると、六波羅蜜寺《ろくはらみつじ》、直進すると珍皇寺《ちんのうじ》があります。このあたりは普段人通りは多くありませんが、八月のお盆前には大勢の参詣客でにぎわいます。

「六道まいり」といって、お盆に帰ってくる先祖の霊を迎えるためのおまいりです。八月に入ると間もなく、松原通には屋台の出店が建ち始め、人出も多くなっていきます。珍皇寺の境内に入ると、鐘楼の前に参詣人が列をつくっています。「迎え鐘」を撞《つ》くためです。先祖の霊を招き、迎えるという趣旨からでしょうか、鐘を撞くといっても鐘楼からのびている紐を手前に引っ張ると鳴る仕組みになっています。

六道まいりの露店

迎え鐘をつく人々

「あの世への入口」提灯

迎え鐘を鳴らすのはおまいりの一コマで、境内には「正式」の六道まいりの手順が掲示してあります。また境内には「あの世への入口」と書かれた提灯も掲げられています。後で述べますが、この付近は本当にあの世への入口だったのです。

珍皇寺を後にして、六道の辻方向に戻ると、辻の北側に「幽霊子育て飴」屋があります。この飴の由来は、飴を包んでいるレトロなパッケージに記されています。

「あの世」と「この世」の接点というこの地にふさわしい名物だと思います。この飴屋も六道まいりのときは賑わいますが、普段はひっそりとしています。

子育て飴屋の向かい側にある西福寺にも入ってみましょう。境内は広くはありませんが、独特の雰囲気が漂っています。ここは「水子供養」（産まれる前に亡くなった子の供養）の寺として知られており、石地蔵や、いかにも子どものための供え物などが目につきます。

六道まいりのときには西福寺も賑わいますが、本堂に上がるとこの時にしか見ることができない寺宝の掛軸が展示されています。その一枚に「檀《だん》林《りん》皇后《こうごう》九相図《くそうず》」があります。

九相図というのは、人が死後どのように朽ち果てていくかをリアルに描写した少し気味悪い図です。このモデルになった檀林皇后というのは、嵯《さ》

幽霊子育て飴屋

幽霊子育て飴

水子地蔵の供え物

檀林皇后九相図

峨《が》天皇の后で絶世の美女だったのですが、仏道に仕える僧侶までが彼女の美貌に心を奪われる有様なので、「この世の無常」を身をもって示すため死後遺体を放置させ、土に還っていく有様を画師に克明に描かせたのだそうです。

これに似た絵図は六道まいりのとき、珍皇寺にも掲げられます。これは「熊野観心十界図」といって、昔熊野信仰を広めるため全国を遍歴した熊野比丘尼《くまのびくに》たちが、人々を前に説法をするときに用いた図です。人の誕生から「老いの坂」を経て、死後赴くという極楽界や地獄界などが描かれています。賽銭箱に隠れている部分には地獄界の場面があります。地獄に堕ちた亡者たちを鬼が釜茹でにしているところです。

あの世といえば、珍皇寺には小野篁《たかむら》に関する伝説が伝わっています。彼は実在した貴族ですが、昼間は朝廷

珍皇寺熊野観心十界図

釜茹でにされる亡者たち

小野篁伝説の井戸

で官吏として執務し、夜には珍皇寺境内にある井戸を通って冥界に赴《おもむ》き、亡き母に会ったり閻魔《えんま》大王が亡者を裁くのを補佐したりしていたというのです。珍皇寺境内には、篁があの世に行くとき使ったという井戸がありま す。祠《ほこら》の右手に見えているのがそれです。

二　清水坂の成立

「境」としての坂

いま私たちは、「坂」といえば勾配のある坂道のことだと連想しますが、昔は「坂」というのは「境」のことだったのです。「坂」は必ずしも傾斜地ではなかったことは、清水坂の例をみればよくわかります。ここは東山山麓で東に向かって緩やかに高くなっていきますが、大した傾斜地ではありません。では何の境だったかというと、まず第一義的には生者と死者の境でした。というのは、平安時代の末、古代から中世にむかう頃からこのあたりが死者を見送る地になっていったのです。

少し時代を遡って説明しましょう。京都盆地に平安京が造営された頃、京中で死者が出たときどのように葬られたかというと、割合身近な所、例えば家の傍に埋葬したり、河原——例えば鴨川や桂川の河原に遺骸を置いたりしていました。建前的には律令により平安京内に遺体を葬ることは禁じられていたのですが、伝染病が流行ったりすると、次々に出る死者を葬る余裕もなく、街路に多数の遺体が放置されたりもしていました。当時一般の人たちは、日常自体が生と死が紙一重で隣り合っていたので、死や遺骸をことさらに忌避したりはしていなかったようです。(1)

穢れとしての死

ところが、平安末期頃から貴族の間で、死を「穢《けが》れ」として忌《い》む風俗が急速に広まっていきました。これは天皇を究極的に「清浄」な存在とし、それを最高の権威の源とする政治体制が造られていったためで、天皇の側近くに仕える貴族もまた清浄であらねばならず、穢れを極力避けるようになったのです。「延喜式《えんぎしき》」という当時の法令には、穢れの種類やそれに触れた場合の「物忌み」(自宅で謹慎する)の日数などが細かく規定されています。穢れの最たるものは死でした。厄介なことに、死穢《しえ》は伝染するとも考えられ、身内に死者が出た人が他家を訪れただけでもその家は穢れることになっていました。

このような体制のもとでは、平安京内に死骸が日常的に見られるのは好ましくないことは言うまでもありません。またこの頃から平安京の右京(内裏からみて右、すなわち西側)は衰退が目立つ一方、左京に中心が移った上、鴨東には貴族の別業地《べつごうち》(別荘)や大寺院などが営まれるようになりました。鴨川は都の外れではなく、内部に取り込まれてきたのです。この結果、死者は鴨川を渡って運ばれ、東山山麓の鳥辺野《とりべの》に葬られるようになりました。(2) 平安京には他にも葬送地がありましたが、鳥辺野に葬られる死者は鴨川の五条橋(現松原橋)を渡り、六道の辻を通り、鳥辺野に運ばれたのでした。(3) また近世には、六道の辻から少し南東へ行ったところに、「南無地蔵」という無縁墓地と「鶴林《つるはやし》」と呼ばれる火屋《ひや》(火葬場)もありました。清水坂は、この世とあの世の境界という意味を持つ場になっていったのです。

「坂の者」の登場

さて、清水坂が葬送とのかかわりを持つ地になっていったということは、そこで葬送を業務とする人たちが活動するようになったということです。この人たちは十二世紀頃から「坂の者」と呼ばれるようになりますが、十一世紀前半から史料に「六波羅蜜坂本之者」とか、「清水坂下之者」などの記述がみられます。(4) 彼らはこの地で葬送に携わっていたと思われますが、元々「清目《きよめ》」と呼ばれ、中世には「非人《ひにん》」という大きな身分的くくりに包括されていきます。一一五八（保元三）年、中山忠親という貴族が亡母の一周忌法要を行っていたところ「清水坂非人」が現れ、施米《せまい》を要求した（『山槐記《さんかいき》』）との記録がみられます。中山家の者が、すでに施米をしている筈だが、と答えると退散したとのことですが、非人たちのこの行動から、葬送に際しては自分たちが施米にあずかることは当然と考えていたことがわかります。すなわち、人の死に際し遺骸（動物も含む）を処理する職能は彼らが独占しており、見方を変えればそれは「権利」だったわけです。

この葬送にかかわる坂の者の権限は、大きく言えば近世半ばぐらい（十八世紀）まで続きます。五百〜六百年間は続いたということです。彼らは時代によって「長吏」「長吏之下座」、「坂之沙汰所」「公文所」などといった執行機関を持ち、身分的には差別されていたものの、明確な社会的役割を自覚し、矜持《きょうじ》を持って行動していたと思います。

さて、先に清水坂は「この世とあの世の境」だったと記しましたが、それとは別に、現世での交通のターミナルという意味を持つ場でもありました。

三　奈良坂を歩く

清水坂の対極

清水坂から旧五条通（現松原通）を東へ辿ると清水、鳥辺野に至りますが、南にのびる街道（現大和大路通はその一部）は大和（南都・奈良）と平安京を結ぶ主要ルートでした。(5) 街道が奈良に入る直前、奈良盆地の北にある低い丘陵（奈良丘陵）を越えるところに奈良坂があります。奈良坂もまた、清水坂と同じような境界的意味を持

至・木津方面
奈良阪町資料館
奈良豆比古神社
奈良阪町
754
至・柳生方面
369
般若寺
蛭子神社
鴻ノ池運動公園
奈良少年刑務所
東之阪町
川上町
若草中学校
北山十八間戸
聖武天皇陵
佐保川
至・若草山
鼓阪小学校
至・法華寺方面
104
転害門
正倉院
200m
東大寺
至・県庁東

【奈良坂付近略地図】

東大寺転害門

つ場だったのです。今から私は、読者を奈良坂にご案内したいと思います。奈良坂を歩くことにより、清水坂の歴史がより鮮明に見えてくると思うからです。

古都・奈良を象徴する大寺・東大寺の転害門《てがいもん》の前を国道三六九号線が南北に走っています。これを少し北へ歩くと、佐保川を渡る前に国道とは別れて北へ延びる小道があります。これが旧京街道（京都からは大和街道）のルートです。

ランドマーク・般若寺

佐保川を渡ると、道はゆるやかな上り坂になります。ここからが奈良坂です。道に沿って歴史を感じさせる街並みが続いています。しばらく歩くと、右側に大きなお寺の門が見えてきます。このお寺が般若《はんにゃ》寺《じ》です。ちょうどこのあたりが奈良坂の鞍部《あんぶ》になっていて、門の前を過ぎると道は下り坂になっていきます。般若寺は古い寺で、創建については諸説がありますが、境内から奈良時代の瓦が出土することなどから、奈良時代からここに寺があったことは間違いありません。

街道を京都に向かう人は右手にこの寺を見ると奈良から出ることを意識したでしょうし、京都から奈良に向かってきた人は、左手に般若寺が見えるとやっと奈良に着いたという実感がわいたでしょう。境内には鎌倉時代に南宋から渡来した石工によると伝えられる十三重石塔（国宝）などの文化財が多くあるので、機会があればぜひ見学してください。

北山十八間戸

さて般若寺を越えて街道を北へ辿る前に、少し後戻りして見ておきたいものがあります。それは北山十八間《きたやまじゅうはちけん》戸《と》です。街道筋から少し東に入ったところにありますが、注意していれば見落とすことはないと思います。

北山十八間戸は、写真に見えるように細長い平屋の建物です。ここには西端に少し広めの仏間がありますが、残りは十八の個室に分かれていて、そこは癩者《らいしゃ》の居室でした。癩者とは、ハンセン病に罹患した人たちで[6]、中世になると彼らは原則的に非人宿[7]に収容され、「長吏」と呼ばれた非人の長の管理下に入れられました。なぜ癩者が非人宿に集められたのかというと、非人宿の主な収入源は「勧進《かんじん》」（物乞い）だったのですが、その前面に出されたのが癩者だったからです。その意味で、癩者の管理も非人宿にとってある種の「権利」でした。中世以

般若寺山門

般若寺十三重石塔（国宝）

北山十八間戸

降、癩者は非人として被差別身分になりますが、同時に「観世音菩薩、文殊菩薩の化身《けしん》」として人々の畏敬の対象ともなり、彼らに喜捨《きしゃ》することは自分の功徳《くどく》にもなると考えられたため、癩者が勧進の前面に出されたのです。

前に「勧進」（物乞い）と記しましたが、本来勧進とは、寺社の堂塔などの造営や復旧・改修等のための経費を不特定多数の人たちから募金することで、東大寺が兵火で焼かれたとき、重源《ちょうげん》が「大勧進職」に就任して行った大規模な勧進事業が代表的なものです。この場合集められた米銭は必要経費を差し引いて勧進元に納められました。しかし中世後期になると、勧進は権力に公認された官許のものと、遍歴して物をもらって歩くという「勧進聖《ひじり》」とに分解し、後者には「物乞い、乞食」という差別的な眼差しが向けられるようになります(8)。しかし、後者の場合でも、前に記したように彼らに金品を施すことには「布施、喜捨」という宗教的な意味が付与されていました。

叡尊・忍性の活動

さて、十三世紀に鎌倉新仏教が影響力を持ちだした頃、それに対抗した旧仏教側の活動家(9)に叡尊《えいそん》とその弟子・忍性《にんしょう》がいます。彼らは般若寺を拠点に癩者の救済活動を行いました。忍性は歩くことができない癩者を背負って勧進場所まで送迎したと伝えられています。叡尊は一二六九（文永六）年三月、般若寺一帯で数千人の非人を集め文殊菩薩供養の大法要を営みました。その時の願文が残っています。

或有受盲聾報之者、或有嬰疥癬病之者、謂彼前業、則誹謗大乗之罪、
雖歴泥梨、猶未尽、見其現報
爰有一霊場、称曰般若寺、南有死屍墳墓、為救亡魂媒、北有疥癬之屋舎、

意訳すると、「盲・聾や疥癬病《かいせんびょう》＝癩者らは、前世の業《ごう》すなわち大乗（仏法）を誹謗《ひぼう》した罪が今も尽きず、その報いを受けている。ここに般若寺という霊場があるが、その南には死者を葬る墳墓があって亡者の魂を救う媒介となり、北には癩者を収容する屋舎があって宿罪を懺悔《ざんげ》しやすい土地柄である」といった意味です。叡尊らは癩者の救済活動をしましたが、癩や盲・聾といった病苦・障害については、前世の業《ごう》の報いだと言っているのです。

ところで、願文のなかに般若寺の北に癩者の屋舎があると述べられていますが、現在の北山十八間戸は般若寺の南に位置しています。つまり叡尊の時代以降に移転したということです。移転はいつどんな形でされたのか分かっていませんが、近世になって癩者の管理権限が北山宿の非人から東之坂（般若寺の南にある集落）の穢《え》多《た》[10]に移ったことと関係があるのではないかと言われています[11]。

また般若寺の南には死者を葬る墳墓があるとも述べていますが、奈良坂一帯は古くから死者が葬られる地でした。北山十八間戸のすぐ近くに、大きな石の地蔵尊が立っていますが、これも葬地の入口で死者を弔うためのものです。石仏の傍らには

奈良坂の石仏

奈良豆比古神社

ならざかの　いしのほとけのおとがひに　こさめながるる　はるはきにけり

という会津八一《あいずやいち》(12)の歌が記された立札が立っています。

北山十八間戸から街道に戻り、般若寺をこえて下り坂を北へ辿ると、左に奈良豆比古神社《ならづひこじんじゃ》が見えてきます。この神社は延喜式神名帳《えんぎしきじんみょうちょう》(13)にも記されている古い社で、今も祭礼で奉納される翁舞《おきなまい》は、能楽の源流ともいわれています。

この辺りまでが奈良坂・北山宿のゆかりの地です。

四　清水坂・奈良坂抗争

真土宿での対決

大和街道（京街道）の南北両端に位置する清水坂、奈良坂は、鎌倉時代に入ると激しい抗争を始めました。その経緯をいま知ることができるのは、奈良坂が六波羅探題《ろくはらたんだい》(14)に訴えたときの訴状が断片的に残っているからです。(15)なぜ両坂が争ったのかというと、最初は両坂上層部が内輪もめに互いに関与しあったのですが、しだいに各地の街道筋にある宿（非人宿）の支配権の取りあいに発展したのです。

奈良坂は大和、伊賀、南山城の宿を支配していました。一方清水坂は近江の各宿や京都から瀬戸内方面への交通路上の宿（山崎宿、小浜宿など）を押さえていて、さらに紀州にも勢力を伸ばそうとして紀の川沿いに大和方面をうかがったため、紀伊・大和国境の真土宿《まつち》(16)というところで両者の勢力が激突したのです。真土宿は元々奈良坂の支配下にあったのですが、長吏である近江法師が清水坂の末宿になると言い出しました。しかし弟の法印法師は「興福寺に背くことはできない」と言ってこれに反対したため激しい争いになり、近江法師は清水坂から来た討手とともに、弟およびその妻子を殺害してしまいました。

興福寺・延暦寺の対立

法印法師が「興福寺に背くことはできない」と言ったのは、奈良坂のバックには南都（奈良）で巨大な勢力を持っていた興福寺[17]がついていて、奈良坂側の人たちは興福寺や春日社から下知《げち》された業務にもついていたからです。一方、清水坂のバックには、平安時代末から大きく勢力を伸ばしてきた比叡山延暦《えんりゃく》寺がいました。清水坂では、坂の者はこの頃から元々この地にあった祇園社（現在の八坂神社）と、その神宮寺の感心院（延暦寺末寺）の寄人《よりうど》として行動するようになり、祇園社の境内清掃などに携わる下級神職は「犬神人《いぬじにん》」と呼ばれるようになりました。彼らは弓の弦《つる》を製造・販売するようにもなり、「弦を召せよ」というその売り声から「つるめそ」とも呼ばれるようになりました。こうして清水坂「坂の者」は中世以降多面的な顔を持つようになっていくのですが、あくまでも彼らの職能の源は「清め」であり、犬神人が祇園祭の神幸列を先導する（「棒の者」）ようになったのも、行列に先行して沿道の「穢れ」を清める役割を果たしたのでした。

さて両坂の抗争に幕府や大寺社などの権力が無関心ではいられなかったのは、非人は当時社会秩序を維持するための検断権の執行を担っていたからでもあります。今で言えば警察・刑務の末端にあたる業務です。奈良坂には刑場があり、そこにいた刑吏は奈良坂非人でした。清水坂でも、比叡山の命により犬神人たちが法然の墓所を破壊（一二二七年）したり、山門（比叡山延暦寺）の他宗派弾圧の尖兵として使役されていました。また両坂は、自分たちの内部での揉め事を決着する権利（自検断権）を持っていて、奈良坂の六波羅採題への訴えのなかにも、真土宿での殺害の下手人を処断するので差し出すように、との項目が含まれていました。

両坂の長い抗争は、どちらの勝利ともつかず終息しますが、この争いの背景には南都《なんと》（興福寺・春日社）と北嶺《はくれい》（比叡山延暦寺・祇園社）との勢力のせめぎあいがあったのです。

五　清水坂の癩者

清水坂長棟堂

先に奈良坂には癩者《らいしゃ》の居住地があったと述べましたが、それは清水坂にもありました。「清水寺参詣曼荼羅《まんだら》」（作成年代は十六世紀後半）という絵画史料が残っているのですが、それには鴨川の五条橋を渡ったところで、粗末な小屋懸けの下で地面に座って参詣者に喜捨を乞う二人の男と、彼らの背後には細長い平屋の建物が描かれています。下坂守氏は、この二人の人物は犬神人と癩者であり、背後の建物は癩者の住居で、「長棟堂」と呼ばれ坂の者の管轄下におかれていた堂舎ではないかと推定しています。(18) 清水坂でも癩者を前面に出した勧進活動が行われていたようです。下坂氏は物乞いの器として杓《しゃく》を用いていないことから、これは勧進ではないと述べていますが、(19)その意は、前に奈良坂の項で見た「正規の勧進」ではないという事と思われます。中世末から近世になると、勧進は「民間で宗教的行為を通じて不特定多数の人から米銭を取得する行為(20)」という幅広い意味を持つようになっていました。

奈良坂では癩者の統括権が北山宿非人から東之坂の穢多に移りましたが、清水坂でも近世になると癩者は坂の管理下から離れて「物吉村《ものよしむら》」という独立集落を作って住み、独自の勧進活動を行うようになりました。物吉村が形成されたのは、豊臣秀吉政権によって鴨川の中州にあった陰陽師《おんみょうじ》の集落が立ち退かされ、(21)そこにあった「晴明塚(22)」が撤去された後だったようで、晴明塚は物吉村のなかに再建されました。

物吉村の癩者たちは、近世を通じて京都市中での勧進を行いました。「物吉」というのは「縁起が良い」という意味で、彼らは「ものよし」と呼ばわりながら市中をくまなく歩き、各戸から金品をもらいました。先に触れたように、癩者に喜捨することは功徳であり厄払いにもなるという信仰心があった間はまだよかったのですが、近世後期になり、そのような認識が薄れてくると、物吉の勧進は市民から忌避されるようになりました。組織的な勧進は明治初めまで続きましたが、一八七一（明治四）年に「解放令」（太政官布告）が出され、穢多・非人などの身分が廃されて勧進活動も禁止されたのに前後して、物吉村自体も廃絶されました(23)。

晴明塚と物吉村

碓井《うすい》小三郎《こさぶろう》が明治中期から執筆を始め、一九一六（大正五）年に刊行された『京都坊目誌《ぼうもくし》』(24)には、「安部晴明墳祉《ふんし》」の紹介として「始め一区域を為し物吉村とす。元禄十二年図に地を劃《かく》して晴明塚と注し。官上京師図にも区劃を為して物吉村長棟堂と記す。寛保元年京絵図にものよし村清円寺とあり。天保二年京大絵図には晴明社と記入す」と記したあと、「此所は原《も》と悲田院に分属する癩病患者を休養する私立病院あり（中略）ものよし正月のお祝ひ。又は何々と唱へ各門戸に就き。米銭を乞ふを以て例とす。五節句の収入米五千石と汗す。之を以て院費及薬餌《やくじ》の料に充《あ》つ。然れとも弊害頗《すこぶ》る多く。酋長事務員等多く無頼《ぶらい》の徒なり。名を美名に籍《か》り。遊惰徒食《ゆうだとしょく》する者の結合にして。心ある者忌憚《きたん》せざるは無し」などと記されています。このような物吉勧進への否定的評価は近代の観点からのものであることに注意したいと思います。江戸時代の物吉村は、必ずしも周囲から隔絶された場ではありませんでした。この一画のランドマークとして晴明塚や清円寺は人々によく知られ、清円寺は洛陽阿弥陀廻り第三十二番になっていました。境内には「道観親王御手植え」と伝えられる梅の古木があり、梅花の時期には見物客も訪れたようです。癩者が（治癒者も含め）瀬戸内海の島などの国立療養所に収容され、厳しく隔離されるようになったのは一九〇七（明治四十）年「癩予防法」が制定されてから（特に一九三一年「らい予防法」

以後）のことです。

いずれにせよ、近世までの清水坂・奈良坂には、癩者と、それを管理する非人など被差別民がいて、彼らは葬送や刑務にも関わっていたという共通項がありました。このことは差別の歴史を考える上で、かなり重要なことと思うのです。[25]

六　坂の者の葬送権益

東寺の三昧輿

さて、いま一度坂の者の原点ともいうべき葬送業務に立ち戻って、その歴史を整理したいと思います。清水坂は、中世前期には京都の葬送をすべて取り仕切る地位にありました。他の寺社などが葬儀を執り行ったことがわかると、坂の者がそこに赴いて金品を要求しました。一四四五（文安二）年、東寺が葬送用の輿（三昧輿《さんまいこし》）を所持・使用する権利を坂から認められ、その見返りに礼銭を取った時の文書が残っていますが、これとて東寺の寺僧ら関係者の葬儀に限られていました。東寺のような大寺院で、しかも寺僧らの葬儀に際しても、坂を無視して事を行うことはできなかったのです。

近世になってからでも、黒川道祐が著した『雍州府志《ようしゅうふし》』[26]の巻八「千本」の項に、おおむね次のようなことが記されています。

昔、犬神人は、他所で死人を埋めてもそれを自分たちの仕事だとして、毎年各寺院の墓地を巡察し、新しく葬った跡があればその寺院から埋葬料を徴収した。近年では諸寺院は正月と七月に犬神人に米銭を渡しているので、墓地の巡見はなくなった。蓮台寺の六坊にはそれぞれ土葬場がある。ここでも春秋の米銭を犬神人に贈っている。

蓮台寺というのは、今も千本北大路下がるにある上品蓮台寺《じょうぼんれんだいじ》のことで、ここはすぐ近くに蓮台野という京都有数の葬送地がある（第三章「長坂」で詳述）のですが、そのような寺でも、葬送に関しては「本来清水坂の仕事を代行する」という枠組みから逃れることができなかったのです。

赤築地の火屋

絶大だった清水坂の葬送支配権は、時代が下るにつれ微妙に変化してきました。この件に関し、近年重要な史料の研究成果が公刊されました。『長楽寺蔵七条道場金光寺文書の研究[27]』です。少し長い標題ですが、これには事情があります。「金光寺」は時宗[28]の寺院で京都七条東洞院《ひがしのとういん》にあり、「七条道場」とも呼ばれていました。しかし幕末期に「どんどん焼け[29]」などの大火に二度も罹災し再建が難しいとの理由で、一九〇六（明治三十九）年に東山円山公園の近くにある同じ時宗の長楽寺[30]に併合されました。その際金光寺に伝わってきた寺宝・史料はすべて長楽寺に移管され大切に保存されてきたのです。史料については二〇〇〇（平成十二）年に京都府の有形文化財に指定され、これを機に研究者による解読・研究作業が行われました。前掲書はその成果物です。

七条道場金光寺文書のなかには、同寺が葬送、特に火葬にかかわった記録が多く残されています。一三六九（応安二）年八月十六日、同寺は東山の「赤築地」というところにあった「たミ所」（荼毘所＝火屋－火葬場）を五貫文で買い取りました。売主は時阿弥という人物です。ところが時阿弥も、前日の八月十五日に善阿弥という別の人物から同じ五貫文で買い取ったのです[31]。つまり金光寺は時阿弥を仲介者として、善阿弥が所有していた赤築地の火屋を買収したということになります。八月十五日の書面には、この火屋は善阿弥が相伝してきた私領だが、事情があって時阿弥に売り渡すなどと書いてあり、因幡《いなば》、越前《えちぜん》という二名の人物が「請人」として署名、花押しています。ここに登場してくる○阿弥という人名は、律宗の信者に多く、叡尊・忍性以後多くの非人が律宗（真言律宗）に帰依していました。また「因幡」「越前」といった国名を名乗るのは、当時の坂上層部の習わしでした。これらのことから、赤築地火屋の売主（善阿弥）は坂の非人で、坂の有力者を請け人とした上、時阿弥に売却したのですが、それは直接坂以外の人物または組織に火屋を売り渡すことへの忌避があったからだと思われます。しかし、二人目の売主・時阿弥はあえてその忌避を乗り越えたのでした(32)。この「忌避」を言葉にするならば、こうした行為は坂が独占している葬送特権への「ゆらぎ」をもたらすということでしょう。実際、すぐにはそうはならなかったのですが、その後の経緯をみると坂の葬送特権は少しずつ形骸化していったのでした。ここでは、十四世紀後半に、すでに「赤築地」という清水坂の一角で、坂の者ではなく外部寺院が経営する火屋が登場していたということを確認しておきたいと思います。

七　清水坂の変貌

つるめその職人化

清水坂の癩者が、近世後半になると犬神人の支配から離れ、物吉村に集住して独自の勧進活動を行っていたらしいことは先に触れました。犬神人は坂の非人がルーツですが、近世なかばになると、元々副業だった「つるめそ」の方がメインになってきたようです。

江戸時代の京都案内本の一つ・『京羽二重《きょうはぶたえ》』（一六八五年刊）の「職人一覧」のなかで「弓師幷矢《ならびに》」の項では、松原ふや町西へ入町・小松勘七ほか十一名、「弦指《つるさし》幷沓《くつ》」の項では以下九名の名が記されています。

六はらさか　服部明石
同所　同豊前
けんにんじ坂　山本周防
六はら坂　石橋豊前
けんにんじ坂　宮内
六はら坂　甲斐
同　美濃
同　長門
同　播磨

これを見ると、「六はら坂」「けんにんじ坂」などにいる弓師や弦指などは、周防、豊前など以前からの国名の名乗りは継承しているもの[33]の、「職人」として認識されていたことがわかります。清水坂の犬神人（つるめそ）の職人化について、辻ミチ子氏は次のように述べています。

坂の者は、十七世紀半ばを過ぎると、犬神人の居住地で弓矢町の町名をもつ「六はら坂」では、長門・播磨などの国名をもつ「弦指弁沓」師が、それも「諸職名匠《しょしきめいしょう》」として現われる。（中略）弓師・矢師の名匠は、さらに寺町・御幸町・麩屋町通の松原通南北に名を連ね、寺町通松原下るは弓矢町の通称を持ったほどで、弓懸（弓道に使う革の手袋）を作る鞢《ゆがけ》師も住んでいた（『京雀』、『京羽二重』）この名匠のなかにも六はら坂から移住した人々のいることが推定され、近世の坂の者は町人身分になった者の少なくなかったことがうかがえる。[34]

つまり、中世非人身分だった清水坂の「坂の者」は、近世に入ると町人身分になり、被差別身分から脱した者が多かったということです。

祇園祭神幸祭を先導する六人の「棒の者」や随行する甲冑《かっちゅう》（具足）姿の人たちについても、次第に近世的な姿に変わっていきました。当初は柿色の衣に白覆面という中世非人のいでたちだったのですが、白覆面は白い頭巾に、柿色の衣も明るい緋色《ひいろ》の半纏《はんてん》様の上衣[35]に変わっていきました。黒田日出男氏は、絵画史料の分析から、十六世紀初頭の頃から犬神人が顔を布で包み隠さないのが常態化していて、中世から近世への移行のプロセスで、身分のビジュアルな特徴が変化していくと指摘しています。[36]また丹生谷《にうのや》哲一氏は、白覆面から白頭巾への変化について、犬神人が癩者管理から分離していく過程と照応したものであっただろうと述べています。[37]

葬送権益の変質

ところで、先に見た赤築地火屋の件はその後どうなったでしょうか。「七条道場金光寺文書」で追って見ましょう。一五四八（天文十七）年、坂は「六人のれんはん（連判）衆[38]」の名で七条道場に証文を出しました。それには、一、寺内で土葬を行う場合は穴一つにつき寺と檀那《だんな》（施主）がそれぞれ五十文を坂に支払う。二、引馬、火屋、荒垣、幕、綱については従来どおり金光寺の定めでよい。三、この取り決めに違反する者がいたら六人の連判衆が責任を持って処理するといった約束事が記されています。

一については、この時点で依然として埋葬は坂の業務というのが建前なので、金光寺境内でそれを行っても穴一つにつき計百文を寺と施主から坂に支払うことが決められています。二については、この時点では赤築地の火屋が金光寺隣接地に移転しており、火葬にともなう諸掛かりについては以前からの坂と寺との取り決め（合意）

事項の踏襲が確認されています。三について、「違反する者」というのは金光寺火屋で働く隠亡《おんぼう》が想定されていて、彼らは依然として坂が監督するべき人間なので、従来からの取り決め以上に取り分を要求したような場合、坂の執行部が責任を持ってやめさせる、との含意があると大山喬平氏は指摘しています。(39)

江戸時代に入った一六二一（元和七）年、また坂と七条道場金光寺は覚書を取り交わしました。それには、赤築地火屋が七条道場隣接地に移転した後の取り決め（寺から坂への支払い）が十項目にわたって記されていますが、それは一年分の米として記されています。例えば一、にないこし（担い輿）五升也　一、柩こし　壱斗也など。これは天文の取り決めのように、「穴一つ五十文」といった実績主義ではなく、年間を通じての権利金に変わっています。さらに、金光寺二十代住職のとき、十項目をすべてひっくるめて、年三石五斗の権利金（米）に変更されたことを双方が確認しているのです。

坂側は、あくまでも葬送業務における自分たちの権利を担保しながらも、実績主義から年単位の権利金（米）へ、さらにその金額要求も次第に後退させていかざるを得なかったのです。さらに、一八三三（天保四）年になると、この年三石五斗の権利米に関し、驚くべき証文(40)が金光寺に残されています。それによると、年三石五斗については数年来服部平左衛門が預かってきたが、「此度勝手ニ付」この年の六月に香具屋嘉兵衛がその権利を譲り受けたというのです。この権利の移動については、服部平左衛門が権利を入質し、それが質流れによって香具屋嘉兵衛に渡ったと解釈するのが自然ではないかと、佐藤文子氏は指摘しています。(41)この意味するところは、近世末になると坂が保有してきた葬送にかかわる権利が坂から離れ、市井の人々が売買し得る一般的な権利になっていたということです。

八　近現代の清水坂

寛文新堤と地域再編

以上中世から近世末までの清水坂の歴史を概観してきたのですが、江戸時代にはこの付近にも都市化の波が及んできました。特に、一六六九（寛文九）年から翌年にかけて鴨川に寛文新堤が造成されてからは、その傾向が加速しました。それ以前の鴨川の治水対策としては、右岸側には御土居[42]がありましたが、左岸側は自然河川に近い状態で、川幅も現在より相当広かったようです。寛文新堤の造成前から、左岸側には街場ができつつありましたが、新堤の完成後は宮川筋[43]など街区の整備が進みました。寛文新堤の造営事業は、勿論治水が主目的でしたが、左岸側で川筋と市街地を明確に区分して土地の有効利用を促進する狙いもあったようです[44]。清水坂界隈でも、物吉村の形成はこの時期の地域再編と関係があるようです。というのは、先に、六道の辻から少し南東に行ったところに「南無地蔵」という無縁墓と「鶴林」という火屋があったと記しましたが、この「鶴林」は十六世紀末頃建仁寺の西、夷《えびす》神社の南に移転していました[45]。しかし、ここも新堤完成後宮川町などの市街地化が進むと煙や臭気が問題になり、西野（三条御土居西外）に再移転されました。その時期は寛文年間と推測されています[46]。そしてその跡地に物吉村が形成され、晴明塚が再建されたのではないでしょうか。

「坂」の街場化

時代は下りますが、金光寺七条道場に付属する火屋[47]も、一八七一（明治四）年に京都府から「鉄道敷設に差し障りがある」との理由[48]で移転を命じられています。このように、周辺の市街地化が進むと火葬場はさらに周縁部への移動を余儀なくされるのですが、寛文頃の時点では、火屋の跡地に癩者が住む物吉村が新たに成立することは許容されていたのです。しかし、明治になると、先に見たように「解放令」施行後物吉村は撤去されました。この間の事情を『京都坊目誌』では次のように述べています。前に引用した部分の続きです。

明治二年《ママ》官命に依り。非人の稱《しょう》を廢《はい》し。一般民籍に附せらるゝに際し。大に匡正《きょうせい》せられしも及はず。同四年斷然之を廢止せしめられ病者は皆本國又は縁故ある者の許に送還せしめ土地は當地及弓矢町に編入す。爾《じ》来汚穢《らいおえ》の境變《へん》して人家建ち連れり。

（現代語訳）明治二年（正しくは明治四年）国の命令により「非人」の称を廃止し、一般民籍（平民）に付されるのに際し、正常化が図られたがうまくいかなかった。そのため明治四年に決然としてこれを廃止し、病者は出身地や縁故者のもとに送還され、土地は当地および弓矢町に編入された。以来、汚く穢れた土地が変化し（一般の）民家が建ち並んだ。

筆者の碓井小三郎は一九二八（昭和三）年まで生きた人ですが、同時代の人並みではあるでしょうが被差別の人たちへの根強い差別感を持っていたようで、物吉村を「汚穢の境」（汚く穢れた一帯）と記しています。物吉村が行政権力によって廃絶させられたことは、古代末以来の「清水坂」、「坂」の地域性の廃絶を象徴する出来事でした。以後この付近は急速に一般の街場化が進んだのです。

九　清水坂の記憶

「坂」と棒の者

いま元の清水坂界隈を歩いても、この章の冒頭に記したようによほど注意しなければ昔の痕跡を見つけることはできません。しかし夏になると二度、昔の記憶が蘇る時期があります。八月のお盆前の六道詣りの時期と、それに先立つ七月の祇園祭の時期です。六道詣りについては先に記したので、ここでは祇園祭の頃のことを書きたいと思います。

祇園祭と「坂」とのかかわりは、犬神人が神幸祭（祇園社から神輿が御旅所《おたびしょ》まで往来する行列）に際して列を先導する「棒の者」を勤めていたことに象徴されます。棒の者は六人と決まっていましたが、坂からはその後に甲冑姿などで警固にあたる参列者も出していました。この神幸列の先導は、近世までは清水坂を筆頭とする「宿」の役割でした。

次の史料は天和三（一六八三）年閏《うるう》五月、坂弓矢町年寄等五名の連名で祇園社に差し出されたものです。

覚一札

一、具足

桂村　三人

鳥羽村　三人

日岡村　六人

九条　五人

坂　弐十弐人

但シ棒之者六人、使番弐人ハ此他也。

一、刀

坂　十徳之者三人

桂村　　壱人
鳥羽村　壱人
日岡村　壱人
九条村　壱人

一、鑓《やり》
前駈　棒六人之内ニテ押鑓三筋幷使番弐人、壱人ニ一筋宛。
桂村　　押鑓一筋
日岡村　押鑓一筋
坂　　　押鑓弐筋

一、長刀
桂村　　一振

ここに見える桂村、鳥羽村、日岡村などは中世以来の「宿」（夙）を継承する村々で、清水坂を筆頭として祇園祭神幸列の先導を奉仕していました。史料に明らかなように坂は別格扱いで、「具足」（甲冑武者）は他の村が三～六人なのに対し、坂は二十二人、刀や鑓も他村の数倍の人数を出しています。これでも幕府の命により先導列の簡素化が行われた後のことで、以前はもっと盛況だったようです。祇園祭神幸列の先導を差配することは、坂にとっての誇りだったと思われます。

明治以後、坂の住民が犬神人の係累から急速に一般住人に入れ替わった後も、神幸列の先導業務は地域の有志が引き継いできました。棒の者がいつまで継承されたのか、今は明らかにできませんが、甲冑武者の先導は一九七四（昭和四十九）年まで続きました。それが出来なくなった後も、祇園祭山鉾《やまぼこ》巡行に先立ち、弓矢町の行事として甲冑の展示が続けられています。

弓矢町の甲冑展示

私は二〇一二（平成二十四）年の夏、弓矢町を歩いて聞き取り調査をしました。戦後弓矢町に転居してきて今も電器店を営んでおられるIさんは、二十歳前後から本祭りの先導列に馬上の大将姿で参加したのですが、暑い時期なので甲冑をつけると汗まみれになり、大変だったなどと体験談を語ってくださいました。Iさんにお聞きして初めて知ったのですが、甲冑は「弓箭閣《きゅうせんかく》」と名付けられた弓矢町が所有する民家(49)の土蔵に保管されているのです。本祭りが近づいてくると甲冑を取出し、町内の店舗の店先や民家の玄関先に展示するのです。弓矢町は東・中・西の三町内で構成されており、毎年当番が交代します。

軒先に貼り出された武具展示の要綱

民家の玄関での甲冑展示

　私は二〇一二年の甲冑出し作業を見学し、その一部始終をビデオ映像に記録することができました。七月十五日午前九時、町内の役員さんたちが弓箭閣（松原通から路地を少し北へ入ったところ）前に三々五々集まり始め、ここ数年ボランティアで作業を手伝っている京都造形芸術大学の学生たち（「まか通《つう》」(50)というプロジェクトメンバー）も十名ほど到着しました。作業開始に先立ち、軒先に今年の武具展示の要綱が貼り出されました。それによると今年の当番は東弓矢町で、「大将」印ほか「福」、「義」、「寿」各印の甲冑が四軒に分けて展示されます。「松」、「仁」、「花」、「禮」の各印は西弓矢町の二軒、「智」、「愛宕」、「信」、「天」印は中弓矢町の四軒、合計十軒の店舗または民家が展示を引き受けることになっています。弓箭閣前の路地には三箇所に茣蓙《ござ》が敷かれ、土蔵から運び出した甲冑入りの唐櫃《からびつ》や展示用具などが東・中・西町分に仕分けされていきます。作業は年配の人たちが指図し、「中堅」層が率先して動き、学生たちの人手もあるので手際よく進んでいきました。

人の手または台車で展示場所まで運ばれた武具類は、そのお宅が引き継ぎ、展示作業にかかります。展示場所は店舗の場合店先・ショーウィンドウということになりますが、民家の場合は玄関の間に飾り付け、見学者が見やすいように出入り口は開けた状態にしておくのです。ショーウィンドウに甲冑を飾り付ける作業をしておられたAさんに話を聞くことができました。このお宅は近年弓矢町に転居されて来たのですが、松原通に面してショーウィンドウがあるので、自分にできることであればと思い、引き受けることにしたそうです。甲冑の重量を考え、三〇キロぐらいまでなら耐えられるようにショーウィンドウの床を補強したそうですが、展示する甲冑が比較的近年のもの（大正四年新調）だったので、材質が軽く、補強するほどのことはなかったなどと話してくださいました。

このように、現在では祇園祭に際して、弓矢町の町内行事として甲冑を展示する取り組みが行われています。最近弓矢町に転居されたお宅でも、甲冑展示に玄関先やショーウィンドウを提供したり、外部からも若者のサークルがボランティア参加するなど、この行事を受け継ぎ、守っていこうという人々の輪があります。土地に刻まれた歴史は、このように意図的に守っていかないと風化してしまいがちです。

毎年大変かと思いますが、弓矢町での取り組みが末永く続き、将来の若者たちがこの地の歴史を学び、その意味を考える契機になることを願いたいと思います。

十　若者による地域活性化の取り組み

近代産業遺産アート再生事業

甲冑出し行事の取材をきっかけに「まか通」のメンバーと出会った私は、このサークルについてもっと詳しく知りたくなり、京都造形芸術大学に連絡をとりました。そうすると、事務局の担当者が快く対応してくださり、私が大学に出向いて顧問の関本徹生教授にお話を聞くことができました。そのとき分かったのは、まか通は単なる学生の自主サークルではなく、造形芸術大の「リアルワークプロジェクト」[51]の一つとして教育課程に位置付けられており、条件がクリアできれば単位も取得できる（通年で四単位）ということでした。まか通の場合は、「東山区での近代産業遺産をアートの場として再生することによる地域おこし」という「リアルワーク」にかかわる活動を始めたのは二〇〇七（平成十九）年（まか通前身は二〇〇五年）ということでした。

まか通の活動地域である六原地区はかつて清水焼産地の中心で、登り窯も最盛期にはこの付近に五十基以上もあったといわれています。しかし、松割木を燃料とするため煤煙《ばいえん》が問題となり、一九七〇年代初頭までに次々と姿を消していきました。[52]現在同地近辺に残っているのは、藤平陶芸《ふじひらとうげい》敷地内と、河井寛次郎記念館[53]の奥に保存されている窯など、わずか五基になっています。このうち藤平陶芸の登り窯を会場に様々なイベントが企画され実行されていきました。例えば、「街の音でつくる音楽会」（二〇〇七年五月六日）、「窯のまにまに音楽らいぶ」（二〇〇七年十月十四日）、「笑壺——落語から読み解く笑いの表情」（二〇〇七年十二月十六日）、「映画の夕べ——登り窯で会いませう」（二〇〇八年六月二十一日）など。このうち「窯のまにまに音楽らいぶ」は、トンコリ（樺太アイヌの五弦琴）、ジャンベ（アフリカの民族打楽器）、およびバイオリン奏者によるライブが登り窯の前で行われました。このときトンコリを演奏した長根あき氏は、後に次のようなコラム[54]を寄せています。

かつて火の力で土を変成して幾万の器を産み出した登り窯。今もその力を十分に保ちながら、静かに眠っている窯に音の火を捧げよう。（中略）次第に音楽と会場の観客から湧き起こるエネルギーが窯の中で渦巻いてこの場を満たす。窯の中で燃える音の火は、この場と人の産みだすエネルギーを変成していく。音と人と場が一つになって、光の溢れる見えない器が産まれた。長い寂寥と沈黙の時間の後、再び集い、光を産みだす歓びに窯が震えている。（後略）

このコラムで述べられているのは、近代産業遺産である登り窯を、その歴史をふまえながらまったく別の用途＝アートの場として再生するという営みについて、でしょう。このような営みを「近代産業遺産アート再生事業」と呼び、それにかかわるプロジェクトがまか通なのです。

一回目の聞き取りで前記のようなことがだいたいわかったのですが、実際に活動している学生からも話が聞きたくて、二回目の聞き取り取材をお願いしました。このとき話が聞けたのは吉田瑞希さん（陶芸M1・当時）。関本先生にも同席していただきました。吉田さんは一回生からまか通の活動に参加してきたので五年目のベテランです。二回生のときにはリーダーになり、プロジェクト内部のまとめ役だけでなく、対外的な業務にも携わりました。例えばまか通の代表として六原元学区の自治連合会町会長会に出席するなど。ということは、この頃からまか通は住民と同じ扱いを受けるようになっていました。実際、六道の辻近くの路地の奥にある空き家を改装して「六原ハウス」という活動拠点が作られ[55]、そこに住んでいる学生もいたのです。

鍾馗神社の創設

この頃、六原地域のフィールドワークのなかから浮かび上がった探究テーマの一つが「鍾馗《しょうき》さん」でした。鍾馗さんは京町屋の小屋根（二階建民家の一階と二階の間にある瓦葺屋根）などに「厄除け」のため置かれている小さな焼き物（多くは瓦製）で、京都の旧市街ではあちこちで見られますが、六原地域にも数多く残っています。その分布を地図に落としてみると、何箇所か他より密に集中している箇所がありました。古い地図を調べるとそこにはかつてお寺や大きな屋敷などがあり、その屋根には鬼瓦が置かれていたので、鬼瓦によって弾かれる厄をはねかえすため、その付近の民家に鍾馗さんが多く置かれたのではないか、という興味深い仮説[30]が立てられたりしました。

この鍾馗さんに魅入り（魅入られ？）、「人生が変わった」のが吉田瑞希さんです。彼女が三回生のとき、六原ハウスで鍾馗さんづくりのイベントが行われたりはしましたが、まさか鍾馗神社のご神体である特大の鍾馗さんを制作（彼女の卒業制作）するとは。その仕掛け人は、やはり関本先生でした。先生は前から「何となく」神社を作ってみたいとは思っていたそうですが、六原での活動で鍾馗さんとかかわるなかで「やっぱり鍾馗神社を作らなあかん、

六原ハウス　元職人長屋だったがほとんどが空き家になっていた。今は手前の広場でまか通主催のイベントが行われる

鍾馗神社ご神体と阿吽像　吉田瑞希作

それもお遊びではなく、神社の境内に摂社・末社扱いしてくれるところに」と思ったそうです。理由は、市内に多くの鍾馗があるのに、それに感謝する祭祀がないから。(57) 先生は六原地域にあり、陶器の神も祀られている若宮八幡宮にターゲットを絞り、境内に摂社として鍾馗神社を建てさせてくれないかとアタックを開始しました。宮司さんは、最初は「考えておきます」という反応だったそうですが、継続的につながりを持って趣旨を説明していった結果、初コンタクトから半年ぐらい経った頃「やりましょう、いつ祭祀をするか考えましょう」という返事をもらいました。この企画力、それを実現していく行動力は大したものだと思います。そして、神社のご神体になる大鍾馗づくりが吉田さんに任されたのです。大鍾馗が完成した後、二〇一三（平成二十五）年十二月一日鍾馗祭りが行われました。そのときの様子を吉田さんは次のように記しています。(58)

一年生からずっと見てきた鍾馗さんが、今回の鍾馗祭りで本当の神様として神格化されることになり、私がご神体と阿吽像を陶芸用の粘土で作ることになった。鍾馗祭りが始まるまでは置物状態だったが、御魂入れが終わると彼らの顔つきが急に変わった。明らかに置物ではなく、目の前に神様がいるという感覚を実感した。これほど変わるものなのかと思い、ご神体の傍に寄ると、一年生で初めて出会った鍾馗さんのことを思い出した。

吉田さんの実家は大阪・天六にあり小さい頃から天神祭をみて育ったのですが、最近その見方が変わったといいます。例えば船渡御《ふなとぎょ》のとき神輿船を御旅所まで先導する船に飾られる「お迎人形」というのがあります。彼女は小さい頃それを何となく見過ごしていたのですが、近年はじっくり観察するようになったそうです。また祭りに参加する子どもの数が減っていることが気になり、「何とかならないか」と思うようになったともいいます。この変化は彼女がまか通での活動を通してフィールドワーカーに変身し、街おこしについても自身の経験を活かせる場面を前向きに探す人材に育ったことを示していると思います。

十一　地域史継承の課題

差別の歴史の再評価

まか通が、大学が持つパフォーマンス展開力（及びその継続性）と、若者のエネルギーによって六原地域の活性化に寄与していることは間違いないと思います。それを高く評価した上で、私は（部外者ゆえに）勝手に今後の課題を一つ提起したいのです。それはまか通だけではなく、六原地域の街おこし、活性化の取り組み全体にかかわることでもあります。その課題とは、六原地域にかかわる「差別（被差別）の歴史」をどう再評価し、継承するかということです。前にも記しましたが、古代末からこの地で活動した「坂の者」は、死穢を処理する者として非人身分とされました。犬神人もその流れです。また中世非人の特性（特権）として、癩者（ハンセン病者）を統括していたので、清水坂の近くにも彼らが集住する一画があり、それは近世には物吉村になりました。つまり、かつて清水坂には被差別身分の人たちが生活していました。近世から近現代にかけても根強く差別が残った旧穢多系とは異なるので、部落問題＝同和問題とは様相は同じではありませんが、この地にかつて被差別の人たちが刻んだ歴史があることは厳然とした事実です。

身分と職能

さて、差別（被差別）の歴史と今どのように向き合うのか、これは一筋縄ではいかないなかなか難しい課題です。それ故に、「下手に取り上げないほうがいい」「あえて問題にしたくない」といった消極的な対応？が主流になっているのが現状だと思います。六原地域の場合も例外ではありません。まか通も、六原地域の歴史を学ぶ対象とはしてきましたが、差別（被差別）の歴史についてはまだ本格的に勉強したとは聞いていません。

私はこの問題を考える際に、現在の価値観である「差別＝悪」という観点をいったん取り払うことが有効ではないかと思うのです。勿論、歴史をみるとき現在の価値観からなかなか自由になれるものではありませんが、「差別はいけないこと」という前提から出発すると、自由な思考ができなくなってしまうきらいがあると思います。そこで、いま仮に善悪の価値観を伴わない評価軸を設定してみましょう。まず、「社会的影響力」。これを中世の坂の者に適用すると、それは絶大なものです。前にも記したように、当時京都の葬送に関する業務は坂の者が独占していました。これは今でいえば、「資格」とそれに基づく「権益」にあたり、例えば東寺のような大寺院であっても、寺僧の葬儀に際して使う三昧輿《さんまいこし》（葬送用の輿）を所有するに際し「坂」との間で契約を取り交さなければなりませんでした（三五頁参照）。

「坂」から言えば、これは自分たちの社会的役割であり、他の者が代行できるものではないという強い自意識があったと思います。また彼らは祇園社に所属する犬神人として、検断（強権の執行）、清目（境内清浄の維持）などに携わり、祇園祭神幸列に際する「棒の者」としての先導は、年に一度の晴れ舞台でした。したがって彼らが被差別身分だったというのは、「穢れを取り扱う」という職能にかかわる属性であり、差別されているからといって卑下したり、自己を価値の低いものと認識したりはしていなかったのではないでしょうか。

光の文化と影の文化

次に、「癩者の隔離度」という指標を設定してみましょう。先に触れたように、近世・清水坂には物吉村という癩者の集住地があり、ここから彼らは京都市中に勧進に出かけていました。ということは、市民と完全に隔離されていたわけではありませんでした。それどころか、物吉村は「名所」に隣接していたのです。それは、洛陽阿弥陀廻り三十二番・清円寺というお寺で、普段から参詣者があり、境内にあった「道観親王御手植え」という梅の古木の花が見頃になると多くの見物客が訪れたといいます（三四頁参照）。癩者が瀬戸内海の島などに完全に隔離・収容されるようになるのは明治以降のことで、特効薬・ブロミンなどが開発された後も、患者だけでなく治癒者も含めて社会から切り離し、完全隔離した政策の非人間性は、いま厳しく批判されていますが、坂の物吉村は一般地域と共存していたのです。

このように、「坂」や物吉村の歴史を「負の遺産」と位置付けるのは一面的です。そうかといって、これを「輝かしい歴史」だったというのも性急に過ぎると思います。そうではなく、今はあまり表だって語られていないこの地にまつわる被差別の歴史[59]をタブー視せず、まずは遺跡・遺物や史料に拠ってできる限り客観的に跡づけ、その成果に学ぶことが必要だと思うのです。

都市社会学者のリム・ボン氏は、都市におけるマイノリティコミュニティの「影の文化」について、それを積極的に再評価し、「光の文化」へとその価値を転換させる努力が必要だと指摘しています[60]。なぜなら、世界の歴史都市には必ず「光」と「影」の相互依存関係があり、表舞台に登場するマジョリティの文化だけ見ていたのでは本当のことは分からない。「影」の文化であるマイノリティの文化にも光をあて、マジョリティの文化との緊張関係を描き出すことによって、初めて歴史都市・京都の未来像が構想できると述べています。この捉え方に私は賛成です。六原地域における差別（被差別）関連の歴史について学び、その成果を発信していくことは、京都全体の歴史をヴィヴィッドに描き直し、そこから未来の京都を構想していく営みにとって必ずプラスになると私は思います。ただし、現在の住民の方々の意識・意向を尊重し、慎重に進める必要があることは言うまでもありませんが。

【注】

（1）勝田至『死者たちの中世』（吉川弘文館　二〇〇三年）

（2）狭義には阿弥陀が峰（豊臣秀吉の墓所がある）の北麓一帯をいいますが、葬地が拡がるにつれ次第に広い範囲を指すようになったようです。

（3）当初は、遺骸を置くだけで埋葬はせず、いわば「風葬」でした。

（4）『部落史用語辞典』（柏書房　一九八五年）「坂の者」の項参照。

（5）大和街道は、複数のルートがあったようで、例えば京―伏見間は山沿いの伏見街道と平地の竹田街道とがありました。

（6）ハンセン病以外の皮膚病患者も含まれていたという説もあります。

（7）交通の要地に作られた非人の居住地。

（8）『部落史用語辞典』「勧進」、「勧進聖」の項参照。

（9）彼らの活動は旧仏教の枠組みを越えていたとして、鎌倉新仏教の範疇で見るべきとの考えもあります。

（10）近世被差別身分の一つ。

（11）山村雅史「『北山十八間戸』の移転に関する考察」（『奈良県立同和問題関係史料センター研究紀要』第五号　一九九七年）

（12）一八八一～一九五六。新潟出身の歌人・俳人・美術史研究家。

（13）九二七（延長五）年に作成された当時の官社の一覧。

（14）京都・六波羅にあった鎌倉幕府の機関。西国御家人の統括、武家にかかわる係争の裁断などを行いました。

（15）「奈良坂非人初度陳状」（佐藤家文書）、「奈良坂非人陳状断簡四通」（春日神社文書）など。

（16）現在の和歌山県橋本市隅田町真土付近か。

（17）鎌倉・室町時代、大和の国の守護職は、他国のように武士ではなく、興福寺でした。

（18）下坂守「中世非人の存在形態―清水坂『長棟堂』考」（『藝能史研究』一一〇号　一九九〇年）

（19）同前。二頁。

（20）村上紀夫『近世勧進の研究』（法藏館　二〇一一年）三頁。

（21）彼らは尾張に送られ、開墾に従事させられました。なお同時期に新五条通、五条橋が作られ、旧五条通、五条橋は通行量が減ったため、旧五条橋東詰での勧進活動も行われなくなったようです。

（22）陰陽師・安倍晴明を祀る塚。

(23) 横田則子「『物吉』考―近世京都の癩者について―」(『日本史研究』三五二　一九九一年)
(24) 野真光辰編『新修京都叢書』第十七～二十一巻(臨川書店　一九九五年)に収録されています。
(25) 大山喬平氏は、「『差別』ははじめ都市のものであった。中世的被差別身分の形成史はこうして京都と奈良を結ぶ特定の地点に集中するのである」(「中世の身分制と国家」―『岩波講座日本歴史八中世四』一九七六年)と述べています。
(26) 野間光辰編『新修京都叢書第十巻』に収録されています。
(27) 村井康彦・大山喬平編、法藏館　二〇一二年。
(28) 「踊り念仏」で著名な一遍(一二三九～一二八九)が開祖。戦国期には時宗の僧が合戦に同行し、戦死者の供養を行っていました。
(29) 元治元年、「禁門の変」に際して起こった火災が燃え広がり、京都市中のかなりの部分が焼失した大火。
(30) 延暦二十四(八〇五)年創建。壇ノ浦で安徳天皇とともに入水したが生き延びた母の徳子(のちの建礼門院)が、帰京後ここで出家したと伝えられています。室町時代に天台宗から時宗に変わりました。
(31) 村井康彦・大山喬平編『長楽寺蔵七条道場金光寺文書の研究』(法藏館　二〇一二年)史料八二、八三。
(32) 大山喬平「清水坂非人の衰亡」(村井康彦・大山喬平編『長楽寺蔵七条道場金光寺文書の研究』法藏館　二〇一二年)
(33) のち明和三(一七六六)年、職人が受領名(国名)、官名を名乗ることの禁止令が出されました。
(34) 「概説・近世一」(『京都の部落史4史料近世1』阿吽社　一九八六年)
(35) 天保五(一八三四)～天保八(一八三七)年に描かれたと推定される横山崋山筆「祇園祭礼図会」に、棒の者の装束はこのように描かれています。
(36) 黒田日出男『境界の中世・象徴の中世』(東京大学出版会　一九八六年)
(37) 丹生谷哲一「非人・河原者・散所」(『日本通史第八巻　中世二』岩波書店　一九九四年)
(38) 越後、対馬、長門、尾張、備中、相模の六名。
(39) 大山喬平「清水坂非人の衰亡」(『長楽寺蔵七条道場金光寺文書の研究』)四二九頁。
(40) 村井康彦・大山喬平編『長楽寺蔵七条道場金光寺文書の研究』史料一九七。
(41) 佐藤文子「近世京都における金光寺火屋の操業とその従事者」(『長楽寺蔵七条道場金光寺文書の研究』)
(42) 豊臣秀吉が造営させた京都を囲む総延長二二・五キロメートルの土塁。東側は鴨川の洪水から市街を守る役割を持っていました。

(43) 宮川筋にそって、宝暦年間（十八世紀半ば）頃から花街・「宮川町」が形成され、現在に至っています。
(44) 吉越昭久「京都・鴨川の『寛文新堤』建設に伴う防災効果」（『立命館文學』五九三 二〇〇六年）
(45) 移転の理由は、方広寺大仏建設に際し煙・臭気が問題とされたことと言われています。
(46) 横田則子「『物吉』考―近世京都の癩者について」（『日本史研究』三五二 一九九一年）
(47) この火屋も、金光寺境内とは御土居を隔ててその外側にありました。詳しくは『長楽寺蔵七条道場金光寺文書の研究』付図参照。
(48) 実際にこの付近に敷設されたのは、「京都電気鉄道木屋町線」で、明治二十八年に開通しました。
(49) 弓矢町がこの民家を購入したのは一九三一（昭和十六）年で、二階（集会所）にその経緯と購入資金寄付者氏名が記された額が掲げられています。武具類が保管されているのは一階に出入り口がある土蔵です。
(50) 「まかふしぎ通信」の略。京都市東山区の埋もれた資源などをアート目線で再生し、地域活性化を活動目標に挙げています。
(51) アートを通して現実的な社会のニーズにどう応えるかという大テーマのもとに、年間四～五十本のプロジェクトが取り組まれています。全学部、コース、学年を越えて参加でき、授業の一環でもあります。
(52) 一九六五年以降、山科区（当時は東山区）川田地区に「清水焼団地」が形成され、生産拠点が移動しました。
(53) 河井寛次郎（一八九〇～一九六六）は、富本健吉・バーナードリーチらとともに「民藝運動」を推進した陶芸家。自宅・工房跡が記念館として公開されています。http://www.kanjiro.jp/
(54) 長根あき「藤平陶芸登り窯『オトムスビ』」（『あなたのまちの愛し方』二〇〇八年）
(55) 京都市の「空き家流通事業」を活用し、二〇一一年からスタートしました。
(56) 「フィールドワーク調査　鍾馗編」（『あなたのまちの愛し方Ⅳ』二〇一一年）
(57) 関本徹生「鍾馗祭りができるまで」（『あなたのまちの愛し方Ⅶ　つながることおこし』二〇一四年）
(58) 吉田瑞希「人生を共に歩む神社」（『あなたのまちの愛し方Ⅶ　つながることおこし』二〇一四年）
(59) 「被差別の歴史」と言ってしまうのも弊害を伴う言い方と思いますが、今は便宜上この表現を用います。
(60) リム・ボン『歴史都市京都の超再生』（日本評論社　二〇一二年）

第二章

逢坂

徳林庵地蔵堂

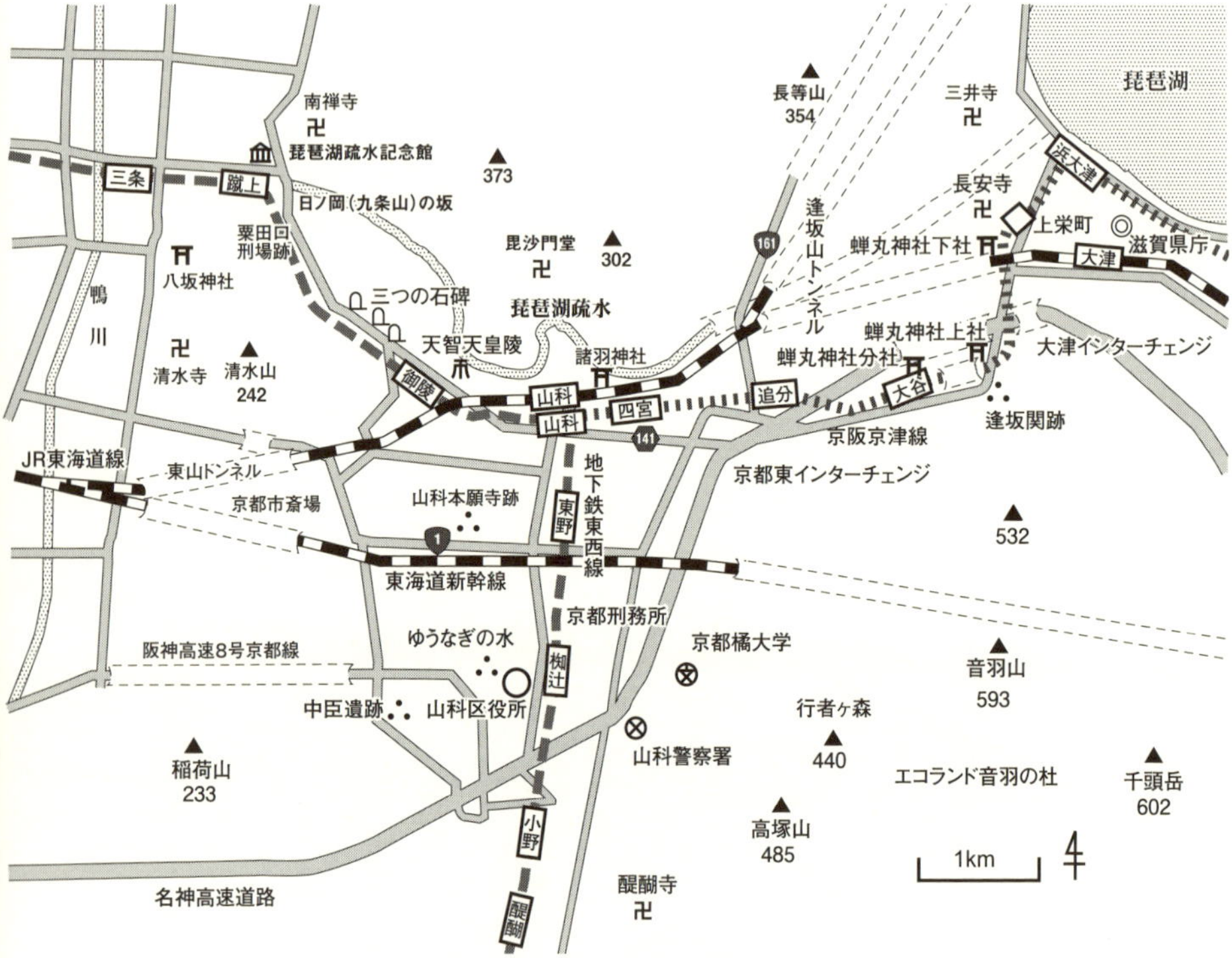
琵琶湖
長等山
354
三井寺
南禅寺
琵琶湖疏水記念館
373
三条
蹴上
日ノ岡（九条山）の坂
浜大津
長安寺
上栄町
滋賀県庁
逢坂山トンネル
粟田口
刑場跡
毘沙門堂
302
蝉丸神社下社
大津
八坂神社
鴨
川
三つの石碑
琵琶湖疏水
蝉丸神社上社
大津インターチェンジ
天智天皇陵
諸羽神社
蝉丸神社分社
清水寺
清水山
242
御陵
山科
四宮
追分
大谷
山科
逢坂関跡
京阪京津線
JR東海道線
東山トンネル
京都東インターチェンジ
京都市斎場
山科本願寺跡
地下鉄東西線
東野
532
東海道新幹線
京都刑務所
阪神高速8号京都線
ゆうなぎの水
京都橘大学
椥辻
音羽山
593
中臣遺跡
山科区役所
行者ヶ森
440
稲荷山
233
山科警察署
エコランド音羽の杜
千頭岳
602
高塚山
485
1km
小野
醍醐寺
名神高速道路
醍醐
161
141
1

【山科付近略地図】

一　境界としての逢坂

逢坂と蝉丸

逢坂《おうさか》は、狭義には旧東海道が大津と山科盆地の境にある逢坂山（標高三二五メートル）を越すときの坂で、このあたりは現在滋賀県大津市に属しています。ここから東海道を経由して京都に入るには、逢坂の西に広がる山《やま》科《しな》盆地を通り抜け、さらに山科と京都の境にある九条山（日ノ岡の坂）を越えなければなりません。その意味では、逢坂を「京都の坂」として見ていくには少し前置きがいるのではないかと思います。

まず、逢坂といえば思い出すのが百人一首にでてくる蝉丸《せみまる》の歌ではないでしょうか。

これやこの　行くも帰るも別れつつ　知るも知らぬも逢坂の関

逢坂の関は歌枕として多くの歌人に歌われていますが、そこは長く畿内と近江の国の境界として位置づけられてきました。逢坂の関は、平安遷都以降に設置されたのですが、『枕草子』には「関は逢坂。須磨の関。鈴鹿の関。……」と各地にある関の第一に挙げられていて、清少納言の頃（十世紀末～十一世紀初）には既に有名であったことがわかります。[1] 当時この関は「平安京を護る」というのが第一義的な位置づけで、外から邪悪な外敵、疫病などが入り込まないように防御する場でした。この頃朝廷は、四角四境祭という祭祀を行っていました。これは平安京の四至《しいし》に陰陽師《おんみょうじ》などを派遣して王城鎮護の呪法を行わせたのですが、九五二（天暦六）年の記録によると、和迩《わに》境（北陸道）、大枝《おおえ》境（山陰道）、山崎境（西国道）と並び相坂（逢坂）―（東海、東山道）で行っています。

当然のことですが、逢坂は都に入るだけなく、都から出ていく交通の要衝という意味も持っていました。先にあげた蝉丸の歌は、九五一（天暦五）年に村上天皇の勅撰集として編まれた『後撰和歌集』が初出ですが、これには「相坂の関に庵室をつくりてすみ侍りけるに、ゆきかふ人をみて」という詞書《ことばがき》がついています。この頃相坂（逢坂）の関付近は、都から出てゆく人、都に向かう人たちが行き交っていたのです。

さて、作者の蝉丸について、源俊頼(2)が著した歌論・『俊頼髄脳《としよりずいのう》』（一一一三年成立？）には次のように記されています。

蝉丸か歌

世の中はとてもかうてもありぬへし宮もわらやもはてしなけれは

是は逢坂の関にゐて、行ききの人に物をこひてよをすくす者ありけり、さすかに琴なと弾き、人にあはれかけられる物にてゆゑつきたりけるものにや、あやしの草のいほりをつくりて、藁してしもしつらひたるこそなと笑いけるをよめる歌なり。

（現代語訳）蝉丸の歌「世の中は　とてもこうてもありぬべし　宮もわらやもはてしなければ」（世の中は、どのようにでも過ごせるのだな。宮も、藁屋も――高貴な家も、粗末な家も――どちらもきりがないので）これは逢坂の関にいて、往来する人に物乞いして世を過ごす者があった。（彼は）琴などを弾き、人々から恵んでもらった物をもとにであろうか、粗末な草庵を造って、藁でもこれくらいの物ができるのだなと笑ったことを詠んだ歌である。

蝉丸は、逢坂の関の近くに粗末な藁屋を設《しつら》え、琴（和琴）を弾いて行き交う人に物乞いをしていた歌よみと記されているのです。またほぼ同時期に成立したとみられる『今昔《こんじゃく》物語集』には、蝉丸は会坂（逢坂）の関近くに住む盲人で、宇多天皇の皇子・敦実《あつざね》親王の雑色《ぞうしき》（家臣）だったが、琵琶の名人で、源博雅《ひろまさ》という貴族が彼のもとに三年も通い、ついに「流泉啄木《りゅうせんたくぼく》」という秘曲を伝授されたという話が記されています。

当初、蝉丸は逢坂の関近くに住む乞食で、和琴あるいは琵琶をよくする歌よみであり、出自については元は貴族の家臣だったとされています。その彼が逢坂の関で乞食になったのは、何らかの事情――おそらく視力を失ったことが原因というストーリーが元々ありました。ところが、時代が下ると蝉丸の出自譚《たん》は大きく変わっていくのです。

貴種・祭神へ

鎌倉時代にはいると、蝉丸は貴種化、さらには神格化されていきます。十三世紀に成立したとみられる『平家物語』巻第十「海道下《かいどうくだり》」には、次のような一節があります。

四宮河原になりぬれば、こゝはむかし、延喜第四の皇子蝉丸の関の嵐に心をすまし、琵琶をひき給ひしに、博雅《はくが》の三位《さんみ》と云し人、風の吹く日も吹かぬ日も、雨のふる夜もふらぬ夜も、三とせがあひだ、あゆみをはこび、たちきゝて、彼の三曲をつたへけんわら屋のとこのいにしへも、おもひやられてあはれ也。

（現代語訳）（一行は）四宮河原にかかってきたが、ここは昔、醍醐天皇第四皇子・蝉丸が、関の嵐に心を澄ませ、琵琶をお弾きになったのを、博雅の三位（源博雅）という人が、風が吹く日も吹かない日も、雨が降る夜も降らない夜も、三年の間通ってきて立ち聞きし、かの三曲を伝承したという藁屋があったあたりの昔も、思いやられて趣がある。

屋島の合戦で敗れた平重衡《しげひら》が、鎌倉の頼朝の元に送られる道中を記した場面です。博雅の三位（源博雅）が琵琶の秘曲を伝授してもらうため蝉丸の藁屋に通ったという故事は『今昔物語集』にも記されていましたが、その場所が逢坂から四宮河原に変わり、蝉丸の出自は「雑色」から「延喜第四の皇子」すなわち醍醐天皇の第四皇子に変わっているのです。また、逢坂の東に以前からあった関清水宮は、蝉丸が祭神として祀られ、「関清水蝉丸宮」と呼ばれるようになります。同社の縁起のうち最古といわれる縁起[3]には次のように記されています。

関清水蝉丸神社（下社）　手前の線路は京阪電車京津線

　抑、当社関清水大明神と奉申者、往古ハ坂の宮と奉申、神代の御神道祖神と申侍る也、王城守護の御神、依云関大明神と奉申、然るに延喜帝第四之王子蝉丸宮、此の会坂山の辺に捨てられさせ給ふ、此宮文学歌道世に越勝れさせ給ふ、程なく過ぎ給ひしゆへ、此山に宮居奉勧請崇となり、程過ぎ関大明神宮居へ一座に勧請申、関清水蝉丸宮と奉申也、

　文明六甲午年　　別当

　　九月良日　近松寺

（現代語要訳）この社は、昔は坂の宮と言って道祖神が祀られていたが、王城守護の神として関大明神と呼ばれるようになった。後年延喜帝第四皇子である蝉丸が（盲目のため）このあたりに捨てられた。この宮は文学歌道が優れていたので、関大明神に合祀され、関清水蝉丸宮と呼ばれるようになった。

姉宮・逆髪

関大明神に合祀されたのは蝉丸だけではありませんでした。蝉丸の姉宮・逆髪《さかかみ》も祭神とされたのです。逆髪は、名の通り髪が逆立って、撫で付けても下がらないという「障害」を持っていた女性とされ、勿論実在の人物ではありません。

逆髪の合祀については、現在は神社縁起に記されていませんが、それは一七一一（正徳元）年の兵侍家《ひょうじや》追放事件（後述）以後のことで、それ以前は記されていませんでした。例えば一六三一（寛永八）年の年代記がある「関清水大明神縁起」には次のようにあります（書下し文に改めました）。

この蝉丸は、人王《じんのう》六十代延喜《えんぎ》御門《みかど》の王子なり、そもそも蝉丸と申すは両眼共に閉目なる故に王宮より江州逢坂山に流人と成し給也《たまうなり》、即《すなわち》相坂山に捨置き供奉《ぐぶ》の旁々勅勘《かたがたちょっかん》なれば涙乍《なみだながら》にいずれも皈《かえ》らる、其後《そのご》蝉丸の御姉宮此事《このこと》を深くいたわり余悲ままに蝉丸の住居を御覧有度《ありたく》思召し逢坂山を指して夜に忍び行給ふに、琴琵琶の音聞給ひて是《これ》只人にあらず蝉丸にてもや有らんと草の庵の扉に立給ふ、内より人足の音を御聞有りて戸開給へば、則《すなわち》姉君蝉丸を御覧有て御手と御手を取《とり》互に涙に咽《むせ》び絶入りたまふばかりなり、哀れしくやつれまします御覧有て姉宮は御心も乱れ狂乱し給ふ時は御髪も逆様《さかさま》に立つ、其《それ》より御名を逆髪とは申す、御兄弟ながら崩の後は同社に祭籠給也《まつりこめたもうなり》、故に彼の明神の氏子は今の世迄も前髪少し逆様に生《は》ゆる事不思儀也。

（現代語要訳）蝉丸は、延喜帝（醍醐天皇）の皇子であるが、盲目の故に逢坂山に流された。お付きの人々も帝のご意志なので涙ながらに帰られた。蝉丸の姉君も大層悲しまれ、蝉丸の住居を見たいと思って夜にお忍びで逢坂山に行かれたところ、琵琶の音色をお聞きになって、これは只人ではない蝉丸が弾いているのではないかと草庵の戸口に立たれた。内から扉が開かれたので見ると蝉丸だったので、互いに手と手を取り涙にむせび、絶え入るばかりであった。蝉丸のやつれた様子を見て姉君が心を乱し、髪が逆立ったので逆髪という名になられた。ごきょうだいが亡くなった後、同社に祀られた。このためか、この社の氏子は今も前髪が少し逆に生えるのが不思議である。

また、次のような史料(4)もあります。

補曰。社記云。関明神者。朱雀院御宇。天慶九年九月二十四日。延喜第四子。蝉丸之霊。竝姉宮逆髪之霊祟二祭于当社一云云。又或説云。下社者。祭二蝉丸宮一霊。上社者。祭二逆髪宮一。

（現代語要訳）社記には、関明神は朱雀院の時代、天慶九（九四六）年九月二十四日に延喜（醍醐天皇）第四子の蝉丸ならびに姉宮・逆髪の霊を当社に祀ったと記されている。またある説には、下社には蝉丸の霊を、上社に逆髪の霊を祀るという。

現在蝉丸神社は逢坂の西、京阪電車大谷駅の北に分社、逢坂の東に上社、下社の三つの社がありますが、分社は江戸時代に建てられたもので、元々は上社、下社の二社でした。このうち上社に逆髪を、下社に蝉丸を祀ったというのですが、異説もあります。現在では一般に、坂の上の上片原町にある上社を関蝉丸宮、坂の下の清水町にある下社を関清水蝉丸宮と称しています。

さて、逆髪と蝉丸は延喜帝（醍醐天皇）の皇女、皇子だったが、「障害」のゆえにそれぞれ都の外れの逢坂まで放浪・流転し、そこで偶然再会したという話は世阿弥作といわれる謡曲「蝉丸」に出てきます。このなかで逆髪（シテ）[5]は、笹の小枝

関蝉丸神社（上社）

関蝉丸神社、分社

（狂気の象徴）を手に流浪し、逢坂近くにまでさまよってくると、粗末な藁屋のなかから琵琶の音が聞こえてきます。

シテ「不思議やなこれなる藁屋の内よりも。撥音《ばちおと》けだかき琵琶の音聞ゆ。そもこれ程の賤が家にも。かゝる調べのありけるよと。思ふにつけてなどやらん。世になつかしき心地して。藁屋の雨の足音もせで。ひそかに立ちより聞き居たり。」
ツレ(6)（蝉丸）「誰そや此藁屋の外面に音するは。此程をり〳〵訪はれつる。博雅の三位にてましますか。」
シテ詞「近づき声をよく〳〵聞けば。弟の宮の声なりけり。なう逆髪こそ参りたれ。蝉丸は内にましますか。」
ツレ「何逆髪とは姉宮かと。驚き藁屋の戸をあくれば。」
シテ「さも浅ましき御有様。」
ツレ「互に手に手を取りかはし。」
シテ「弟の宮か。」
ツレ「姉宮かと。」
地唄(7)「共に御名をゆふ付の。鳥も音を鳴く逢坂の。せきあへぬ御涙。互に袖やしをるらん。」

蝉丸、逆髪きょうだいの物語は、世阿弥の創作との説もあったのですが、そうではなく、その背後に坂＝境界にまつわる深い背景があることを明らかにしたのは、服部幸雄《ゆきお》氏(8)による一連の研究でした。服部氏は、蝉丸が神格化され、元々道祖神である関清水宮に習合された時点で、同時に逆髪も合祀《ごうし》されたのだと主張します。それは道祖神が元々男女両性の双体神であり、蝉丸だけが道祖神に習合されるより逆髪とのセットの方が自然だったのだと言います。それにしても、蝉丸を貴種・神格化し、あわせて姉宮として逆髪という異形の女性を考案したのは、どんな人たちだったのでしょうか。

二　芸能民と神

琵琶法師と『平家』

琵琶は、西アジアが発祥の地と考えられていますが、中国で改良され、奈良時代に日本に伝来しました。琵琶を弾きながら盲人が物語を語るのも、中国で行われていたものが日本に伝わったようです。琵琶法師が弾く「平家琵琶」は、携行に便利なように少し小ぶりに造られていて、雅楽用の琵琶とは別に西日本に直接伝来したと考えられています。兵藤裕巳氏は、盲人は視覚による統一的な自我イメージ（鏡に映る自分）を持たないので、自己の輪郭を晴眼者より容易に変化させうるため、絶えず主体が転移し複数化していく「語り」という場面で非凡な能力を発揮できるのだと指摘しています。(9) それに加え、琵琶法師による『平家物語』の語りは、当初は単なる芸能というよりも、滅んで行った幼帝や平家の人たちの鎮魂という要素を多分に持っていたのではないでしょうか。ラフカディオ・ハーン（小泉八雲）の『怪談』に、「耳なし芳一」の話があります。芳一という盲人が夜な夜などこかへ出ていくのを訝《いぶか》った人が後をつけてみると、芳一が壇ノ浦で入水した幼帝の墓前で『平家』を語り、その周りには無数の人魂が揺れていたというのです。この伝承は、盲目の琵琶法師による『平家物語』の語りが、平氏一門の怨霊を慰める力を持っていたという社会認識の反映ではないでしょうか。

平氏一門の滅亡後三ヶ月半程たった一一八五（元暦二）年七月九日、京都近辺で大地震がおこりました。慈円の『愚管抄《ぐかんしょう》』には次のように記されています。

元暦二年七月九日午時ばかり、なのめならぬ大地震ありき。古き堂のまろばぬなし。所々の築垣《ついがき》くづれぬなし。すこしもよはき家のやぶれぬもなし。山の根本中堂以下ゆがまぬ所なし。事ものめならず。竜王動くとぞ申し、平相国《へいしょうこく》、竜になりてふりたると世には申しき。

比叡山延暦寺の僧だった慈円は、根本中堂以下比叡山での被害について述べたあと、平相国（清盛）が竜神となって動いたのだと世上で噂されたと記しています。朝廷でも幼帝や平氏一門の怨霊の鎮魂が政治課題になり、一一八七（文治三）年四月、幼帝は「安徳」と追号され、さらに壇ノ浦にほど近い赤間関に御堂（現赤間神宮）が建立されました。このような鎮魂活動の一翼を担ったのが琵琶法師であり、彼らはあの世とこの世の媒介者として、怨霊の鎮魂および現世の安穏を祈ったのです。

夙と芸能民

ところで、第一章・清水坂で、奈良坂のことを取り上げましたが、そこは夙《しゅく》という場で、やはり芸能にかかわる人たちがいました。奈良坂にある奈良豆比古《ならづひこ》神社には、次のような縁起が伝承されています。

奈良坂の夙の民の祖は、皇統の春日王である。王は病気のため奈良坂に隠居した。王には二人の男子（浄人《きよひと》王、秋王《あき》）がいて父のために孝養を尽し、浄人王は散楽を始め春日社に父の病平癒を祈った。これが申楽翁《さるがくおきな》三番叟《ばそう》の起源であり、以後当地に伝承されている。観世又三郎が初めて勧進能を行ったとき、面と装束を当社から借用した。

奈良坂という夙については第一章でも触れたように、坂＝境界に集まる人たち――癩者など中世まで非人と呼ばれた人々が住んでいました。彼らは芸能にもかかわりがあったことは、鎮守社である奈良豆比古神社の祭礼で翁舞が長く伝承されてきたことからもわかります。その縁起に、夙の民の祖は春日王という貴種であったと述べられているのは、自分たちのルーツを皇統であると主張することによって、世人から賤視されている現実を逆転しようという心性が働いていると思われます。

中世の逢坂でも、琵琶法師たちは、自分たちの祖とする蝉丸を「延喜第四皇子」という皇統に格上げして関清水社に合祀（神格化）することにより自尊心を高め、社会的にもアピールしようとしたのでしょう。また、次項で改めて考察しますが、芸能民は賤視されているだけでは芸能を演ずることはできなかったという問題もあると思います。彼らは身分的には賤民であるが、芸能を演じるときは「聖」性を帯び、時には神となって舞い、歌いました。「賤」と「聖」が表裏一体であることこそ、芸能民の本質だったのです。

猿楽の祖・秦河勝

世阿弥編『風姿花伝』(13)には、猿楽能の歴史について次のように記されています。

一、日本国に於いては、欽明天皇の御宇に、大和国泊瀬《はせ》の河に洪水の折節、河上より、一の壺流れ下る。三輪の杉の鳥居のほとりにて、雲客《うんきゃく》此壺を取る。中にみどり子あり。かたち柔和にして、玉の如し。是降《ふる》人《ひと》なるが故に、内裏《だいり》に奏聞《そうもん》す。其夜、御門《みかど》の夢に、みどり子の云（はく）、「我はこれ、大国秦始皇の再誕なり。日域に機縁ありて、今現在す」と云（ふ）。御門奇特に思し召し、殿上に召さる。成人に従ひて、才智人に超えば、年十五にて、大臣の位にのぼり、秦の姓をくださるる。「秦」といふ文字、「はた」なるがゆゑに、秦河勝《はたのかわかつ》これなり。

上宮太子、天下少し障りありし時、神代・仏在所の吉例にまかせて、六十六番のものまねをかの河勝におほせて、同じく六十六番の面を御作にて、すなはち河勝に与へたまふ。橘の内裏の紫宸殿《ししんでん》にてこれを勤す。天治まり国しづかなり。上宮太子、末代のため、神楽なりしを、神といふ文字の偏《へん》を除けて、旁《つくり》を残したまふ。これ日暦の申《さる》なるがゆゑに、申楽と名附く。すなはち、楽しみを申すによりてなり。

要約すると、欽明天皇の御世に、大和泊瀬川が洪水になったとき、川上から一つの壺が流れてきた。貴族の一人が拾ってみると、中には玉のような赤ん坊がいたので内裏に申し上げた。その夜帝の夢に赤ん坊が現れ、自分は秦始皇帝の生まれ変わりで、縁あって日本に来た、と言うので、帝は殿上に召された。成長するにつれて才覚を現し、十五歳で大臣になり「秦」姓を下された。秦河勝がこの人である。聖徳太子が、天下が少し乱れた時、神代や印度の先例にならって六十六番のものまねを河勝に命じた。また六十六番の面を作って河勝に与えられた。内裏の紫宸殿でこれをやると、天下が治まり国がしずまった。太子は、末世（末法の世）なので（遠慮されて）神楽の神の字の偏をとり申楽と名付けられた。「楽しみを申す」という意味もある。

つまり、猿楽（申楽）の祖は秦河勝で、聖徳太子の命により始めたというのです。河勝自身は申楽芸を子孫に伝えたあと、摂津の難波浦から「うつほ舟」(14)で船出して風の吹くまま航海し、播磨の坂越《しゃくし》（現在の赤穂市坂越《さこし》）というところに漂着した。そのときは人間とは変わったかたちをしていて、人にとりつき祟《たた》って不思議なことが多く起こった。そこで神として祀るとこの一帯は豊かになった。この神は大荒大明神《たいこう》と名付けられ、元はインドの毘沙門天王で、日本では荒神として現れなさったものだ、という話が続いています。

秦河勝は、渡来人集団である秦氏の族長的人物で、聖徳太子から弥勒菩薩半跏思惟像《みろくぼさつはんかしゆいぞう》を賜り、それを安置するため一族の本拠地に近い太秦《うずまさ》に蜂岡寺（現・広隆寺）を建てたといわれています。彼は物部氏など排仏派と戦って太子及び仏法を守った勇猛な武人であり、彼の霊が赤穂・坂越の大避《おおさけ》神社の祭神として祀られたのは、「大きに荒れる神」で、「諸人に憑《つ》き祟《たた》って不思議なことが多く起こった」からで、この神は元々「大荒大明神」と呼ばれ、恐れられていたのです。太秦・広隆寺の境内にも元々大避（現在は大酒）神社がありましたが、明治の廃仏毀釈のとき寺から少し離れた現在地に移され、そこには今も「牛祭」という奇祭(15)が伝わっています。ここでは、世阿弥の時代に猿楽の祖は秦河勝であるという伝承があったこと、河勝は聖徳太子に仕えて天下を治めたが（死後は）「荒れる神」として恐れられた、という二点を押さえておきたいと思います。

後戸の神・摩多羅神

ところで、『風姿花伝』には次のような一節もあります。

> 一、仏在所には、須達長者《しゅたつちょうじゃ》、祇園精舎を建てて供養のとき、釈迦如来御説法ありしに、提婆《だいば》、一万人の外道をともなひ、木の枝、篠の葉に幣をつけて、踊りさけめば、御供養のべがたかりしに、仏、舎利弗《しゃりほつ》に御目を加へたまへば、仏力を受け、御後戸にて、鼓・唱歌をととのへ、阿難の才覚、舎利弗の智恵、富楼那《ふるな》の弁説にて、六十六番のものまねをしたまへば、外道、笛・鼓の音を聞きて、後戸に集り、これを見てしづまりぬ。そのひまに、如来、供養をのべたまへり。それより天竺にこの道は初まるなり。（傍点は引用者）

インドで須達長者が祇園精舎（仏教寺院）を建て、その落成式のときに、提婆という者が多数の異教徒を連れて押しかけ、騒いだので釈迦は説法ができなかった。そのとき釈迦は、舎利弗という弟子に目配せをすると、仏の力が彼に乗り移って、後戸で楽器をならし歌を歌って弟子たちが六十六番の物まねをすると、異教徒たちはそれを聞いて後戸に集り、静かになった。そのすきに釈迦は説法をお済ませになった。インドではこうして申楽が始まったのだというのです。原文に二度でてくる「後戸」という語について、従来は「後ろの方」といった曖昧な訳しかされていなかったのですが、これは文字通り寺院建築の裏口のことと解し、そこには後戸の神＝摩多羅《またら》神《じん》が祀《まつ》られているという事実を明らかにしたのが、先に紹介した服部幸雄氏による研究でした。

服部氏は、インドでは先のような説話は伝承されていないので、祇園精舎後戸での六十六番の物まねが申楽

（猿楽）の起源という話は日本で創られたのであり、天台宗など権威ある寺院の後戸で演じた古猿楽の実相の伝承を、祇園精舎に仮託して創作したものに違いない[16]と断じています。ではなぜ古猿楽が寺院の後戸で演じられたのかというと、後戸に祀られている仏法の守護神である摩多羅神は、猿楽芸能民の祖神である宿神と習合し、彼らの神になっていたからであり、服部氏は「彼らはみずから神になって舞い出ずる資格を持ち、万民の延命息《えんめいそく》災《さい》、福徳成就《ふくとくじょうじゅ》の悲願を満たすことができたのであった。こうした猿楽芸能民の本質は、まさに、後戸の神のそれをそのまま移行し、体現しているものといっていいのである」[17]と記しています。

摩多羅神の姿は、秘神として語るのも憚《はばか》るという側面[18]と、描かれた姿とがあります。後者は、五種類ほどしられていますが、日光山輪王寺宝物殿所蔵図には、烏帽子《えぼし》・狩衣《かりぎぬ》姿の髭をたくわえた男性が、腰かけて左手に持った鼓を右手で打とうとしている姿、その前には二人の童子？が茗荷《みょうが》と笹の小枝を担いで舞っている姿が描かれています。また腰かけた男性の頭上には北斗七星が描かれています。この姿は、摩多羅神の芸能神としての側面が描かれていると思われます。

摩多羅神二童子図　日光山輪王寺宝物殿所蔵

また、「宿神」は辺境・境界であるシュク、シク、サカ、サキ、シャクジなどと呼ばれる地に祀られた神で、地境鎮護の強力な障礙《しょうがい》神とされていたので、秦河勝が坂越の大避神社に祀られたのも、そこには元々シャクジの神（宿神）が祀られていて、それと習合したのではないかと服部氏は推定します。このような考察により、摩多羅神・秦河勝・宿神はすべて境界を根拠地とする芸能民の神なのであり、一つの神の異なる様相であるとの考えに至ったのです。

三　若御霊・蝉丸

御霊神との合体

さて、話を逢坂、蝉丸に戻したいと思います。服部幸雄氏は『宿神論』第四章「逆髪の宮」のなかで、盲目の琵琶法師たちが蝉丸の神格化に成功したのは、いくつもの説話体系を意図的に重層させるという方法をとったためと指摘しています。彼らは諸国を流浪する芸能者である自分たちの祖神として蝉丸を祀ろうとしたのですから、まず音曲芸能の神としての側面、および行路安全の守護神としての側面を持たせたかったことは想像できます。しかしそれだけでは万人に神として崇拝される神格を確保することは難しいので、第一、第二の側面を包括するような「強力な第三の神格」が付与されたのではないかと服部氏は想定します。その第三の神格とは、関清水社が元々持っていた境界を護る道祖神という神格を、御霊《ごりょう》信仰によって補強し、万人がひれ伏す「荒御霊《あらごりょう》」にレベルアップしたものではないかというのです。関清水社が元来逢坂という境界を護る道祖神であったことは間違いありません。この社は平安遷都後逢坂の関が設置されたあと、「従五位下」という位を付与され朝廷からも重視されるようになりました。都を外敵から守るためには、関清水社に祀られる関明神は格別に霊威の猛々しい神と認識される必要がありますが、平安時代以後最も恐れられた神は「御霊神」でした。

古くは長岡京遷都に際し、造営長官であった藤原種継暗殺事件に連座したとして淡路島に護送される途中無実を訴えて絶食死した早良《さわら》親王の怨霊が様々な祟りをもたらしたとして、その怒りを鎮めるため「崇道《すどう》天皇」とお

音曲藝能祖神碑─関蝉丸神社下社

くり名され神として祀られました。[19] また平安末期以後、もっとも強力な怨霊と畏怖されたのは菅原道真の霊（自在天神）です。菅原道真は宇多・醍醐天皇に重用され、右大臣の地位にまで昇進しましたが、藤原時平の讒言《ざんげん》を受け入れた醍醐天皇の詔《みことのり》によって九〇一（昌泰四）年大宰権帥《だざいごんのそち》に左遷され、二年後失意のうちに死去しました。その後九〇九（延喜九）年に政敵・時平が三十九歳の若さで病死、醍醐天皇の皇子、皇孫が相次いで死去したほか、九三〇（延長八）年には朝議中の内裏清涼殿に落雷し公卿・女官数名が死傷。この惨状を目撃した醍醐天皇も強い衝撃を受けて体調を崩し、三ヶ月後に死去しました。これに先立つ九二三（延喜二十三）年、醍醐天皇は道真の左遷を取り消し右大臣に復する詔を出していたのですが、その後も不祥事が止まないため道真の怨霊を慰撫《いぶ》しなければという機運が高まっていきました。またこの頃京都での大火、疫病の流行などの災厄も道真の怨霊の仕業という噂が広まり、庶民の間にも怨霊を畏怖する風潮が強くなっていました。

天神信仰との習合

九四二（天慶五）年、平安京右京七条に住む多治比文子《たじひのあやこ》という女性[20]の夢に道真が現れ、北野の右近の馬場に我を祀れば魂が鎮まるとの託宣をしたので、文子はとりあえず自宅の一角に小祠を設けていました。[21] その後九四六（天慶九）年九月には、近江比良の神官・神良種《みわよしたね》の子、七歳になる太郎丸にも同様の託宣があり、良種は文子や北野朝日寺の僧・最珍らと協力して北野右近の馬場の地に最初の社殿を建てたというのが北野天満宮の縁起になっています。その後神域は整備され、九八七（永延元）年には一条天皇が行幸、「北野天満宮天神」の称が贈られました。九九三（正暦四）年には正一位・右大臣・太政大臣が追贈されるなど、道真＝天神信仰は最高潮に達していきます。

さて、関清水蝉丸神社の縁起によると、蝉丸の霊が関明神に合祀されたのは、「天慶九年九月」とされており、この年月は先に見た近江比良の神官の子・太郎丸への託宣があったとされるときと重なっています。これはとても偶然とは思えないと服部氏は指摘しています。つまり、蝉丸の神格化は、当時世上を席捲していた御霊信仰を「利用」し、蝉丸を盲目ゆえに捨てられた悲劇の貴公子＝廃太子・若御霊と描くことによって可能になったのだというのです。しかも、蝉丸および姉宮・逆髪は、延喜帝（醍醐天皇）の皇子・皇女であるという設定にも大きな意味があると服部氏は指摘します。忠臣・道真を誤って左遷した罪により、延喜帝は地獄の責苦に遭っているという説話は当時広く知られていて、それは「延喜の治」と言われ「聖帝」と称えられる一方、その恩恵に浴することもなかった庶民・大衆の、延喜帝に対する冷めた見方をベースに共感を得ていたのです。蝉丸・逆髪きょうだいの悲劇は、「延喜帝の因果・応報」と言外に位置付けられることによって、より重厚な説話になり得たのです。

四　蝉丸から人康親王へ

夙としての四宮河原

先にみたように、『平家物語』では蝉丸の藁屋の跡は逢坂ではなく「四宮河原《しのみやがわら》」になっています。四宮は逢坂の鞍部からは三キロメートルほど西に離れていて、山科盆地の北東部にあたります。四ノ宮川は山科盆地を南西流する小河川で、旧東海道が四ノ宮川を渡る十禅寺橋のすぐ西には山科地蔵が祀られている徳林庵があり、その北には八六二（貞観四）年創建と伝えられる諸羽《もろは》神社が鎮座しています。「四宮河原」とはこの付近を指すと思われますが、東海道交通の要地の一つで、徳林庵前には荷馬に水を飲ませたという井戸、飛脚用の釜などが現存しています。徳林庵の境内には、「人康《さねやす》親王、蝉丸供養塔」がありますが、ここ四ノ宮で蝉丸と人康親王がまさに交錯するのです。

人康親王とは、仁明天皇の第四皇子で実在（八三一～八七二）の人物です。彼は山科に趣深い山荘を営んだと伝えられ、四宮諸羽神社の近くに「人康親王山荘跡」の石碑があります。また諸羽神社境内には「琵琶石」があり、これは親王が腰かけ琵琶を弾いていた石とのいわれがあります。彼は両眼を病み、失明したため山科に隠棲し琵琶を嗜《たしな》んだ上盲目の人たちに琵琶を教えたと伝えられ、江戸時代以後盲人の職能集団である「当道《とうどう》」が確立すると、その祖とされ「天《あめ》（雨）夜《よ》の尊《みこと》」と称されて神格化されます。

徳林庵前の井戸　日通のロゴマークに使われている意匠が刻まれています

徳林庵山科地蔵

さて、『平家物語』で蝉丸の藁屋があったのが逢坂から四宮河原に変えられたのは、『平家』を語る琵琶法師の本拠地が四宮河原だったからではないでしょうか。先に見たように、四宮河原は東海道の交通の要地で、徳林庵に祀られている山科地蔵は小野篁《おののたかむら》作と伝えられ、京都の外周六箇所に祀られている「六地蔵」[22]の一つに数えられています。このような地域性を考えると、それは「夙」の特性と一致します。四宮河原一体が夙だったと考えると、交通の要地、京都へ出入りする境界、そこでの芸能民の活動という諸要素がすべて説明可能になります。

「四宮」という地名ですが、一般的には蝉丸・人康親王がそれぞれ醍醐天皇、仁明天皇の「四ノ宮」（第四子）だったからとか、諸羽神社が山科郷の「四の宮」に位置付けられていたからとか説明されますが、そうではなく「シク」からきていると指摘したのは柳田國男です。

坐頭《ざとう》の徒はこの地（四宮河原—引用者）をもって例の仁明天皇第四皇子の故居となし、近き世まで年々の祭をここに営んだ。しかしいわゆる仁康親王の仮託はいっこうに新しい事で、おそらくは『平家物語』または『源平盛衰記』の延喜第四の皇子蝉丸を勝手に訂正したものである。この説は起源やや古く、謡曲「蝉丸」がこれを採ったほかに、『東斎随筆』もこれを認め、『東関紀行』もある人曰くとしてこれを引き、ゆえにこの関の辺を四宮河原となん名づけたりとあるが、（中略）彼等（琵琶法師—引用者）は本職として西国・中国に今も残喘を保っている盲僧どものごとく、人家を巡って竈《かまど》払いをしたらしい。竈の神を荒神ともいうのは土公の思想である。彼等が琵琶に合わせて誦うる地神経《じしんきょう》はすなわち金光明経中の堅牢地示品《けんろうじしばん》であった。これをもって見れば山科の四宮河原を四の宮に托するのは赤嘘で、これもまた摂津その他の国々に多く存する宿川・宿川原と同じく境の地である。この地で祀った守宮神の性質はこれで分かると思う。（柳田國男「毛坊主考」大正三年『柳田國男全集十一』収録　傍点部は引用者）

柳田は、四宮河原の「四宮」は、元来境界をあらわす「シク」からきているのであって、延喜・仁明帝の「四の宮」（蝉丸・人康親王）がらみの地名起源譚は後世の作り話と断じているのです。

説経節語りとの差異化

ところで、四宮河原を根拠地として『平家』を語る琵琶法師たちは、近世になると当道（座）に組織され、自分たちの祖は蝉丸ではなく人康親王だとアピールするようになります。この変化の原因は、近世以降関清水蝉丸宮を拠点に活動するようになった説経節《せっきょうぶし》語りと差異化することにあったようです。

説経（節）とは、中世末頃に起源をもつ大道芸の一種で、説経者は「ささら」(23)を擦りながら神仏の霊験譚《れいげんたん》などが織り込まれた物語を語り、喜捨を乞いつつ各地を流浪しました。イエズス会士の宣教師ジョアン・ロドリゲスが著した『日本大文典』（一六〇四～一六〇八）には、ささら説経師＝説経節語りを社会的に賤視されていた「七乞食」の一つにあげており、「喜捨を乞うために感動させる事をうたうものの一種」と記しています。演目としては、「五説経」といわれる「苅萱《かるかや》」「山椒太夫」「俊徳丸」「小栗判官《おぐりほうがん》」「梵天国」が有名で、他に「愛護の若」「信太妻」「梅若」などが五説教のなかに数えられる場合もあります。ストーリーとしては、主人公が不条理や差別、暴力によって受難・迫害され、放浪を余儀なくされるが最終的には神仏の加護によって救済されるという話が多いのですが、「愛護の若」のように悲劇のまま終わる話もあります。元々社寺や神仏の霊験譚を語り歩いた歩き巫女《みこ》、熊野比丘尼《くまのびくに》、高野聖《こうやひじり》などの下級宗教者の活動があり、彼らの語りを下敷きに芸能としての説経節が成立したのではないかと言われています。この説経節語りが近世以降本拠地にしたのが関清水蝉丸宮でした。同社には主に近世以後の文書群が伝わっていて、それらを翻刻《ほんこく》・編纂《へんさん》した『関蝉丸神社文書』（室木弥太郎、阪口弘之編。和泉書房 一九九〇年・以下『文書』）が刊行されています。収録されている文書の大半は説経関係のもので、それらによると説経者＝説経節語りは灯明料を同社に寄進する見返りに説経語りをして渡世する権利を付与されました。具体的には、説経者が大道で語る際に立てる大傘の骨に、関清水蝉丸神社から下付された「御巻物抄」（関清水蝉丸宮縁起の類）を差込んだりして身分証明としていました。

さて、琵琶法師は説経節語りをどのように見ていたのでしょうか。先に触れたように、近世以降江戸幕府から公認されて琵琶法師を含む盲人を統括した当道（座）は、最高位の検校《けんぎょう》、それに次ぐ別当、勾当《こうとう》、座頭などの地位があり、それぞれがさらに細分化されていて合計七十三もの序列がありました。そして構成員には厳しい統制がかけられていましたが、そのなかに「座頭は賤者の家に出入り致さざる者也」（『座頭縁起』一六二七〔寛永四〕年）など、卑賤視されていた人たちとの交流を禁じる規則がありました。これには琵琶法師などの芸能を、当時芸能民を支配していた穢多頭《えたがしら》・弾左衛門《だんざえもん》（長吏《ちょうり》）の配下から独立させ、あわせて自分たちの脱賤化をはかるという意図がありました(24)。一七一八（享保三）年に当道座から寺社奉行に差し出された書付には、「仲間出入り仕り候はざる筋目」として三十五種の職種をあげ、中でも永代出入りできないものとして、さるがく、まいまい、惣《そう》じて役者類、ゑびすおろし、あがたみこ、さるひき、五りんぎり、はちたたきなど十八の職をあげています。長吏の干渉から逃れるために他の芸能民と配下の盲人の交わりを禁じ、差別する側に回ろうとしたのです。この結果、四宮河原では琵琶法師の祖は蝉丸から人康親王に変えられたのでした。

五　蝉丸伝承の変転

蝉丸の開眼

琵琶法師が去った関清水蝉丸宮では、蝉丸伝承がまた変化しました。蝉丸は目が見えるようになったというのです。

扨《さ》テ供奉大臣白川紀ノ則長軈《やが》テ上落《ママ》有テ折々之御見廻也、居留ル人ハ基経師輔古屋ノ美女也、仍《よっ》テ延喜廿二年甲申春二月ノ事也、同シ年号ニ軈《やが》テ開眼有ト云ヘトモ卑劣ノタヽスミノ末ナル故ニ終ニ都ヘ不召皈也(25)

（現代語要約）さて、（蝉丸の）お供である白川紀ノ則長大臣はやがて上洛し、折々に見廻りに来られた。（蝉丸の）もとに留まったのは、基経、師輔、古屋の美女である。そして延喜二十二年春二月に（蝉丸は）目が見えるようになったのだが、暮らしぶりが粗末になった後だったので、ついに都に戻られることはなかった。

蝉丸皇子は開眼したのだが、「卑劣ノタヽスミノ末」――暮らしぶりが粗末になった後だったので、結局都には帰らなかったと記されています。この蝉丸開眼譚も、彼を祖とする芸能者が盲目の琵琶法師から、通常は晴眼者である説経語りに変化した結果つくられたことは間違いないでしょう。

蝉丸の従者たち

さて、上記の史料に出てくる蝉丸の従者――紀則長、基経、師輔、古屋ノ美女とはどんな人たちだったのでしょうか。『文書』の編者・室木弥太郎、阪口弘之氏は、これらの人物は関清水蝉丸宮に関連のある集団をそれぞれ象徴的に暗示していると指摘しています。(26) 以下両氏の所論に拠って見ていきたいと思います。まず、一旦京都へ帰りその後は「折々之御見廻」をしたとされる白川紀則長は、京都悲田院寺内の非人集団を象徴しているとみられます。悲田院とは、元々朝廷が病者や貧窮者のために設置した救済施設の一つでした。(27) 悲田院は、十世紀にはすでに葬送の場だった桂川、鴨川を管轄し、葬送に携わる非人と密接な関係がありました。その後何度かの移転を経て近世初めには泉涌寺の塔頭《たっちゅう》寺院となり、乞食や身寄りのない人たちは岡崎村（現左京区岡崎）に集住させられました。この非人村では自然発生的に頭《かしら》が生まれ、洛外や御土居際に小屋掛けして住まう非人たちをも支配するようになりました。この頭たちは「与次郎」と呼ばれていましたが、彼らの配下には節季候《せきぞろ》、(28) 鳥追い(29)など雑芸にも携わる者もいました。近世以後関清水蝉丸社を本拠とする説経とのかかわりができたのはこのためと思われます。『文書』には悲田院は「京寺内」と記され、そこにいた説経語りが度々灯明料を寄進していたことがわかります。京都の説経者のなかには、大道芸から脱し、芝居小屋にも進出して人気を博した日暮《ひぐらし》小太夫、日暮八太夫のような成功者もいました。この名跡は、何代かはわかりませんが世襲されたものの、結局長続きはしなかったようです。

また、悲田院は後に江戸幕府によって非人の統括組織として利用され、非人は牢番や下級刑吏としても使役されるようになります。『文書』に、紀則長は京都に帰ったが後「折々之御見廻」に携わったと記されているのは、悲田院が持っていた警備役割を暗示しているとも解されます。

次に、基経について『文書』には、近江志賀の里に住み、その末裔《まつえい》は大江与五郎という説経小頭で、さらにその末流には東江州の水口大山仁兵衛、丹後の久美浜雲八、伊勢津の別所与大夫らがいると記されている史料があります。大江与五郎以下、実在の説経者だということです。師輔については、「行末者《は》今世ノ説経者是也」と文書史料に記されています。すなわち、基経、師輔はともに説経者の祖とされているのです。

逆髪と古屋の美女

古屋の美女については、大津の町屋に住み「フシカツラ（藤鬘）ヲヒネリ」[30]、「女臈《じょろう》方ノ仮粧《けしょう》香具ノ類」などを商って蝉丸皇子の養育にあたったが、蝉丸の死後は遊女になったと記されています。『大津市史』に収録されている柴屋町遊郭の「当廓《とうくるわ》由緒《ゆいしょ》之《の》覚《おぼえ》」には次のような一節があります。

一、往古婦留屋の美女となんいへる遊君有、みのながれ此廓に住居すとなり。此古屋と云は、延喜第四の皇子蝉丸逢坂の辺に左遷なし玉ふ。是れの君に従ひ来官女なり。天慶九年九月皇子崩御の後遊女と成なり。委しくは三井の鎮守遅（逆）髪の宮関の兵侍書物にみえたり。其節は家建もまれまれにて、三つふたつはかりに住家をもとむるとなん。其頃北郡より木柴薪を積登り此廓の明地に預置し故号て柴屋町と呼ぶ（以下略）

（現代語訳）昔、当遊郭に婦留屋（古屋）の美女という遊女がいた。彼女は、延喜帝第四皇子である蝉丸が逢坂に左遷されたとき、この君に従ってきた女官であった。天慶九年九月皇子が亡くなったあと遊女となった。詳しいことは三井寺の鎮守・逆髪の宮を祀る兵侍家の書物にみえる。その頃（この付近には）家も疎らで、二、三戸しかなかった。この頃北の方から柴や薪を運んできた者が廓の空き地にそれらを積み上げていたので、柴屋町と呼ぶようになった。

紀則長、基経、師輔の例にならえば、古屋の美女は大津柴屋町の遊女や歩き巫女[31]など女性の下級宗教者、化粧品や薬を販売した十三香具師《やし》など[32]も関蝉丸宮とかかわりがあったことがうかがえます。上の史料に、詳しいことは「逆（逆）髪の宮の兵侍書物」に見えると記されていることについて、服部幸雄氏は「一般に『関清水大明神』と言い、『関蝉丸宮』とも呼び慣わしたこの宮を指して、ことさらに『逆髪の宮』と呼んでいる点に注目したい。つまり、柴屋町の遊女たちは逆髪の宮を祖神とすることを標榜《ひょうぼう》しているのである[33]」と記しています。

六　境界ランドマーク・関寺

関寺と牛塔

以上に見てきたように、蝉丸の伝承や関清水蝉丸宮の縁起は、時代により、また同神社にゆかりがある人たちの変遷により変転してきました。ここでいま一度関清水蝉丸宮の歴史について整理しておきたいと思います。先にも触れましたが、この神社の元来の姿は逢坂という境を鎮める道祖神でした。また、かつてこの地にあった関寺《せきでら》の鎮守社でもありました。関寺の創建年代は明らかではありませんが、『扶桑略記《ふそうりゃくき》』という史料にみえる天延四（九七六）年六月十六日に起こった地震の記録に、「関寺大仏悉《ことごとく》破損」とあり、関寺はそれ以前からあったことが

長安寺牛塔（重要文化財）

長安寺境内にある小野小町供養塔

わかります。その後恵心僧都源信によって再興がはかられ、弟子の延鏡が中心になって一〇二二（治安二）年に伽藍が再建されました。その工事の際使役された牛が迦葉仏《かしょうぶつ》(34)の化身であるという噂が広まり、大勢の見物人が結縁《けちえん》を求めて押し寄せるという騒ぎがありました。このとき都の貴族も競って見物に訪れましたが、そのなかには藤原道長夫妻もいたということです。その牛が死んだあと建てられたという供養塔（牛塔《うしとう》）が、関寺跡の長安寺境内に現存しています。高さが三メートルほどもある巨大なものです。一〇五九（康平二）年、関寺は三井寺の別院の一つである近松寺《ごんじょうじ》に寄進されました。以後関寺は次第に衰微し、鎮守社だった関清水宮も一時は寂れていたとみられます。

「関寺小町」「小栗判官」と関寺

ところで、関寺は、境界性を強く持ったランドマークとして世上で広く認識されていました。世阿弥作といわれる謡曲「関寺小町」は、シテが百歳の老女となった小野小町です。年老いた小町はこの界隈に隠棲していますが、ある年の七夕の日、関寺の僧に誘われ、稚児とともに舞を舞ったりします。しかしその興趣はひとときのことで、老いた小町は一人庵に帰っていくというストーリーです。後でまた触れようと思いますが、小野小町、小野篁を始めとする小野氏一族は、境界性を持つ地域の伝承によく出てきます。「関寺小町」はさらに小町の老境という人生での境界を加味した作品で、この曲でシテを演じるのはよほどの達人でないと無理といわれているそうです。

次に「小栗判官」にも関寺が出てきます。「小栗」は浄瑠璃や歌舞伎、説経などいくつかのバージョンがあり、それぞれ少しずつストーリーが異なっています。しかし小栗が謀殺されて地獄に堕ち、閻魔大王の裁定で「餓鬼《がき》阿弥《あみ》」の姿となって地上に戻されてから後は、ほとんど同じストーリーになります。小栗には照手姫《てるてひめ》という相愛の相手がいるのですが、彼女も様々な災厄にあって生死の境をさまよった後、美濃・青墓宿[35]の万屋《よろず》という女郎屋にたどり着き、そこで下女として働いています。小栗は地上へ出てきたあと藤沢遊行寺《ゆぎょうじ》の僧に助けられて土車《つちくるま》（台車のような曳き車）に乗せられ、「この者を一曳きした者は千僧供養、二曳きした者は万僧供養」と書いた札を掛けてもらいます。目的地は紀州熊野です。そこの湯ノ峰温泉に浸かれば小栗は復活できるというのです。小栗の姿はこの世のものとも思えないのですが、札をみた善男善女が少しずつ土車を曳いてくれ、青墓宿に辿りつきます。そこで照手姫と再会するのですが、照手はそれが小栗とは気づきません。しかしこの土車を曳けば功徳により最愛の小栗の身に何か良いことが起こるかもしれないと思い、万屋の主人から五日間の暇をもらいます。照手が曳く土車は大津関寺まで来ますが、これより先に行くと、五日目までに青墓に戻れなくなってしまうのです。この場面の照手の台詞（説経節）です。

あはれ、身がな、二つやれ。さて一つのその身は、君の長殿に、戻したや。さて一つのその身はの、この餓鬼阿弥が車も引いて、とらせたや。心は二つ、身は一つ。見送り、たたずんで御ざあるが、おいそぎあれば、ほどもなく、君の長殿に、お戻りあるは、諸事のあはれと聞こえける。

もし身体が二つあれば、一つは青墓の万屋に戻り、一つはこの餓鬼阿弥の土車を熊野まで曳いて行きたいというのです。照手はこのとき青墓に戻りますが、その後も多くの人の手に曳かれて熊野に辿りついた小栗は、湯ノ峰温泉で湯治します。

一七日、お入りあれば、両眼が明き、二七日、お入りあれば、耳が聞こえ、三七日、お入りあれば、はやものをお申しあるが、以上、七七日と申すには、六尺二分、豊かなる、もとの小栗殿とおなりある。

熊野権現《ごんげん》の霊験もあって元の身体を取り戻した小栗は青墓で照手と再会し、朝廷から判官の位も得て二人は幸せに暮らしたというハッピーエンドになります。この作品でも大津・関寺は、「行こうか、戻ろうか」という岐路・境界として出てくるのです。

一遍上人と関寺

さて、小栗を救い熊野へ旅立たせたのは藤沢遊行寺の僧・大空《だいくう》上人ですが、遊行寺（清浄光寺）は一遍（一二三九～一二八九）が開いた時宗の本山です。一遍は諸国を遊行し、各地で踊り念仏を修行して貴族から民衆まで幅広い層から熱狂的な支持を得ました。彼の布教活動を描いた「一遍上人絵伝巻第七」（国宝）の冒頭の絵は、関寺付近の情景です。画面の右端は琵琶湖の浜で、そこから家並のなかを西行すると関寺の門があります。門の左手には乞食らしい人たちがたむろしている様が描かれています。

下の図は、その部分（画面の左下）の拡大ですが、たむろしている人たちは白い覆面をしているので癩者かとも思われます。

この絵巻に描かれているように、関寺付近は交通の要衝であり多くの通行人が通るため乞食も集まっていたのです。おそらくこのような人たちの後裔《こうえい》で、のち関清水蝉丸宮の氏子総代のような役割をするようになったのが「兵侍家《ひょうじゃ》」と呼ばれるグループです。斉藤俊彦氏によると、[36]兵侍家は関清水蝉丸宮の門前付近（関寺五町――小坂町、上関寺、中関寺、下関寺、清水町）に計十一軒あり、近世には川井（河合）、若林という苗字を名のっていました。彼らは交代で関清水蝉丸宮の管理業務を行い、九月にある祭礼のときなどには総出で準備や神事の運営、毎夜の賽銭勘定、祭礼後の総算用（決算）などの業務にあたっていました。また、「御巻物抄」の下付など説経者支配に関する業務も担っていました。

「一遍上人絵伝巻第七」（東京国立博物館蔵）の冒頭場面

関寺門前に座り込む乞食（拡大図）

七　兵侍家追放事件

兵侍家のルーツ

兵侍家の謂われ・ルーツについては二つの説が語られていました。一つは逢坂の関の関守の子孫という由緒です。明和九（一七七二）年の年代記をもつ「諸国説経継目改口次」という文書には、

一、巻物兵侍惣代と御座候儀、元来関兵侍と申もの、往古江州相坂之関役仕候而罷在家筋之者、兵侍と申候、則、蝉丸宮関兵侍由緒を以支配致来候、

（現代語訳）巻物に「兵侍惣代」と書かれている件であるが、元来「関兵侍」と呼ばれていたのは、昔から近江、逢坂の関の役を勤めていた在家の者を「兵侍」と呼んでいた。それで、蝉丸宮関兵侍の由緒（書）を伝承してきた。

と記されていて、昔逢坂の関の関守をしていた在家筋の者（の子孫）がその由緒によって蝉丸宮の管理をしていると述べられています。天安元（八五七）年逢坂関が設置された時文徳天皇より「関兵士」という号を賜った者が十二人いたという伝承があり、「兵侍」の号はこれに由来すると思われます。また中世になると、三井寺がこのあたりに関を設け関銭《せきせん》（通行税）を徴収しましたが、その業務を担当させた者たちに、この地に伝わっていた「兵侍」の号を与えたことによって「兵侍」号は存続し、近世の兵侍家に受け継がれたと思われます。

もう一つの兵侍家の由緒は、蝉丸親王が逢坂に配流《はいる》されたときに供奉した側近の子孫というものです。「関清水蝉丸宮大明神古紀伝曰」という史料によると、

往古ヨリ当宮由緒髄従ノ末葉、関寺兵侍下司ト申、大津駅住居ニテ、帯刀罷在候筋目之者、当宮社役儀□勤来リ、寺門大礼法会警固ノ役モ勤来候、

（現代語訳）昔から当宮の由緒を伝えてきた者の子孫を関寺兵侍下司と言い、大津の駅（宿）に住み、帯刀を許されてきた家筋の者が当宮の社務を勤めてきて、（関寺の）行事、法要の警固役も勤めてきた。

とあり、さらに「関寺兵侍下司」（兵侍家）は、蝉丸の四人の従者（紀則長、基経、師輔、古屋の美女）の「末葉」

（末裔）であるという由緒が述べられています。このうち紀則長は古屋の美女と結婚して則貞という子が生まれ、則貞は関清水蝉丸宮の宮司になったと記されている史料[37]があります。

いずれにせよ、兵侍家の人たちは関清水蝉丸宮の門前近くに住んでいる氏子なのですが、そのなかで神社の維持管理業務を主担するという特別な地位にあった人たちです。彼らは条件付きですが苗字帯刀を許され、行事ごとに際しては三井寺の紋が付いた提灯を掲げました。そのような神社運営の形態はいつ頃から始まったかという点ですが、斉藤利彦氏は三井寺が豊臣秀吉による闕所《けっしょ》（財産等の没収）から復活した一五九八（慶長三）年以後間もなくのことではないかと指摘しています。秀吉の死の前日に処分解除が伝えられたものの、一時は伽藍の大半が破壊・撤去されるという危機的状況でした。したがって三井寺としては寺勢の復興が当面の課題であり、関清水蝉丸宮の処遇にまではなかなか手が回らない状態だったと思われます。したがって当面は、関清水蝉丸宮が三井寺・近松寺の鎮守社であるという根本を確認した上で、運営業務および説経者の管理などの実務は兵侍家衆に任せ、その見返りとしていくつかの特権を与えたのではないかと考えられています[38]。この結果、関清水蝉丸宮は地域の氏子（関寺五町）および諸国の説経者によって維持され、その管理業務は門前の氏子のうち十一軒の兵侍家が担っていました。

蝉丸宮の「繁盛」と暗転

このような体制が揺らぎ始めるのは、一六三八（寛永十五）年頃からです。きっかけになったのは、関清水蝉丸宮の「御香水」が眼病に効くという噂[39]が拡がり、参詣者が急増したことです。このため小屋を新築して巫女を十二人も雇い、毎日四十釜もの御香水が売れるという繁盛ぶりでした。兵侍家衆も目の回るような忙しさで収入も急増しました。この結果、神社の隣接地を買収して敷地を拡大しようということになり、地主の近松寺と交渉した結果、用地を譲り受けた上で毎年五斗五升の年貢を納めることでまとまりました。しかしこのとき三井寺・

近松寺側は、条件として説経師に下付する「御巻物抄」に、兵侍家と三井寺近松寺の両印を押すことを認めさせました。ということは、それ以前は兵侍家印のみだったのです。このことは、三井寺側が説経師支配に乗り出す意思を持ち始めたことを意味しています。この「両印体制」はしばらく続いたのですが、一七一一（正徳元）年に至って状況は大きく動きました。

正徳元年九月十五日、三井寺政所《まんどころ》より呼び出しがあり、兵侍家衆が出頭するとそこには三井寺学頭代・玉正院、浄光院、近松寺の僧、政所役人・三雲兵部らが揃っており、席上三雲から「社頭神役兵侍号共ニ取上」げると通告されました。その理由として「九ヶ条」を読み上げたということです。兵侍家側は、「九ヶ条について事前に連絡してもらえれば説明・反論できたし、突然取上げというのはとても納得できないので、大津奉行所に訴える」と反発しました。これに対し学頭代玉正院は、「先而此方より京都二条表迄も届置候、何方へ成共罷出候也」と答えました。この件については既に京都所司代にも届け出ているので、どこへでも行くがよいと突き放したのです。兵侍家側は寝耳に水だったようですが、三井寺としては周到に準備していたのです。この間の経緯については、斉藤利彦氏による詳細な研究[40]があるので、それによって見て行きたいと思います。

三井寺の計略

三井寺が兵侍家の追放をいつ頃決断したかはわかりませんが、斉藤氏はその布石として、一六八九（元禄二）年二月の出来事を重視しています。このとき、「御神社勧請《かんじょう》書」を大津代官所に差し出すことになったため近松寺定光坊に相談したところ、関清水蝉丸宮は三井寺本山の鎮守であると記すべきだと言われます。兵侍家側は今まで三井寺本山ではなく、その別所の一つである近松寺の鎮守とされてきたので唐突に思ったようですが、定光坊は「三井（本山）の鎮守になれば明神のご威光も増し、その結果諸国説経之者迄尊重御大切」にすることにもなる等と説明したため、兵侍家は「三井の鎮守」と記して届け出ました。これが後々大きく影響してきます。以後三井寺側は様々な機会に関清水蝉丸宮に対して干渉するようになったのです。例えば、一六九八（元禄十一）年九月、当時兵侍家が蝉丸宮に常駐させていた高畑源之丞という人物の素行に問題があり、三井寺の了解のうえで彼の一家を退去させるため近松寺定光坊に相談したところ、定光坊は兵侍家側に落ち度があったことを認める一札を出さなければ政所には仲介しないという高圧的な態度だったといいます。

その後も三井寺側は兵侍家追放のタイミングをはかっていたようですが、正徳期に幕府による芸能集団の実態調査がされることになり、この機会を利用して兵侍家を追放し三井寺による説経者の直接支配に乗り出したのではないかと斉藤氏は指摘しています。兵侍家側も簡単に追放されたわけではなく、様々な抵抗を試みますが、三井寺の意思は堅固であり、結局兵侍家は力及ばず復帰はなりませんでした。

現在の近松寺本堂

さて、この兵侍家追放事件をどう評価するかですが、以後説経者を単独で支配するようになった三井寺は、諸国の説経者に対ししばしば「賤業」につくことを禁じる触れを出しています。賤業とは、死者の処理（穏坊《おんぼう》）や村番人など非人が携わる業務をさします。この時期、説経者の生活は概ね苦しく、生活のため「賤業」にかかわる者も少なくありませんでした。三井寺は芸能としての説経を支配することを徹底するため、非人の系譜との関連が色濃い兵侍家を切ることを決断したのではないでしょうか[41]。兵侍家追放後、関清水蝉丸宮の縁起のうち説経との関係が薄く「地元色」が強い古屋の美女、およびその関連で逆髪にかかわるものが削除されたのは、この追放動機を裏付けているのではないかと思われます。

八　もう一つの坂―日ノ岡の坂

三つの石碑

ここまで逢坂と蝉丸にかかわる歴史を見てきましたが、かなり紙数を費やしてしまいました。ここからは山科盆地を京都に向かって西行し、京都に入る前にあるもう一つの坂・日ノ岡の坂を歩いてみたいと思います。

京阪電車京津線・四ノ宮の西隣の駅は御陵《みささぎ》です。この地名はここにある天智天皇陵からきています。京阪、京都市営地下鉄の御陵駅から地上に出ると、府道一四三号四宮四塚線《しのみやよつづかせん》（三条通）が東西に通っています。府道の北側歩道を京都方面に向かって少し歩くと、三つの石碑を見ることができます。まず最初は粟田口大名号碑《あわたぐちだいみょうごう》です。

この大石碑の横に掲げられている解説板には次のように記されています。

　　木食遺跡①粟田口の大名号碑

　　　　　　　　　　　　　　山科区日ノ岡朝日町

木食《もくじき》正禅養阿上人（一六八七～一七六三）は、江戸中期の木食上人のひとりである（出身は丹波保津村）。木食とは、草根木皮の生食のみで生きる難行中の難行を云う。当時の京都には、十一ヶ所の無常所（六墓五三昧《まい》）があり、いずれも刑場に近いので、僧俗一般に敬遠され勝ちであった。しかし、上人は敢えて寒夜を選んで念仏回向にまわり、享保二（一七一七）年七月、永代供養のため各所に名号碑を建立した。なかでも粟田口は京都最大の刑場なので、一丈三尺（約四メートル）の特大にしたと旧記にある。現在下半分が補修されているが、更に復元すれば「南無阿弥陀仏　木食正禅粟田口寒念仏廻り回向　享保二丁酉七月十五日」になると思われる。もと九条山周辺にあったが、明治の排仏思想の折、人為的に切断されて道端の溝蓋などに

流用されたのである。当時の痛ましい傷痕は、今も石肌に判然と痕《のこ》っている。（解説　京都石佛会）陵ヶ岡自治町内連合会

写真をよく見ればわかるかと思いますが、石碑の「弥」字のなかほどで石の色が変わっています。それより下は後世に補われたもので、上部はこれもよく見ると二筋の縦線が入っています。次の写真はこの石碑の裏面を撮ったものですが、裏面のほうが縦三分割の様子がよくわかるのではないかと思います。

裏面の中央には「京津国道工事ニ於ケル犠牲者ノ為ニ」左三分の一の石には「昭和八年三月」と刻まれています。これはどういうことかというと、この大名号碑は元からこの場所にあったのではなく、もう少し西の九条山付近に設置されていたと思われます。解説文にもある通り、九条山の西・粟田口にはかつて刑場があり、そこで処刑された人たちの慰霊のため、木食正禅養阿上人の発願によって一七一七（享保二）年頃建立されました。しかし明治初期の廃仏毀釈のあおりを受けて倒され、下部は行方不明、上部は縦三つに割られ溝の蓋などに転用されていたのです。それが発見されたのは、内務省により「京津国道」[42]の改良工事が行われたとき（昭和六～八年）で、この工事の竣工時に工事中の犠牲者の慰霊碑として復活、さらに一九六〇（昭和三十五）年に浄土宗西

粟田口大名号碑

大名号碑の裏面

京津国道工事紀念碑の基壇に使われている車石

京阪電車京津線の廃線後、小公園に再現された車石車道

光院の西隠という僧の発願により下部の欠損部が補われ現在の形になったのです。
　大名号碑のすぐ西に、日蓮宗門徒が一九四〇（昭和十五）年に建立した題目（南無妙法蓮華経）碑があります。この碑の基壇にも国道工事に際し出土した題目碑の断片が使われています。さらに少し西には、「紀念　京津国道改良工事　昭和八年三月竣工」と刻まれた石碑が建っています。その基壇には、これも国道工事中に大量に出てきた「車石」が二段に積まれています。車石とは、大津から京都までの東海道に設置されていた牛車専用の車道に敷かれていた石で、深い轍《わだち》が穿《うが》たれています。これは予め刻んだものではなくて、長年牛車が通行している間にできた轍だということです。
　さてこれら三つの石碑が物語っている日ノ岡の坂（九条山の坂）の歴史を見ていくことにします。キーワードは「車石」と「刑場」です。

難所と車石

まず「車石」ですが、先に触れたようにかつて大津から京都への物資（特に米）輸送のため牛車用の専用車道があったのです。牛車一台には九俵の米俵が積めたということです。府道をさらに西行すると、東山老年サナトリウム前の歩道・小公園に、牛車に米俵が積まれた状態の復元展示があります。

この車石の車道は、旅人が歩く歩道とは分けられていて、昼頃荷を積んで大津発[43]、夕刻に京都着。翌日早朝に京都発で帰路は通常空車だったようです。つまり、午前中は下り（京都から大津）、午後は上り（大津から京都）という一方通行でした。日ノ岡の急坂を越すのは牛の牽引力だけでは困難なので、坂の下に坂仲士という人夫が待機していて米三俵は人力で運び、さらに牛車の後押しもしたそうです。

明治までの人馬・牛車の交通にとって日ノ岡の坂は難所で、少しでも勾配を緩くするため何度も切り下げ工事が行われてきました。大名号碑を建てた木食正禅も、旧東海道日ノ岡坂の改修に取り組んだ記録[44]があります。彼にかかわる遺構で他に現存するものとして、府道一四三号線に並行して残っている旧東海道（日ノ岡ホッパラ町[45]）に沿って、亀の水不動尊があります。ここは大津側からいうと、日ノ岡の坂を登る直前左手になります。不動尊の祠の前には山手からの湧水が引かれて石造りの亀の口から今も清水が滴《したた》っています。この水は「量救水《りょうぐすい》」と名付けられ、旅人や牛馬の渇きを癒しました。

亀の口（中央奥）から今も滴る「量救水」

旧東海道から新道（府道 143 号）を望む

かつてはこの場所に木食正禅が営んだ梅香庵という庵があり、彼はここで亡くなったと伝えられています。亀の水の前を通る旧東海道の坂を登っていくと、右手下に車道（府道一四三号）が見え隠れしますが、旧道との比高は十メートルぐらいに及ぶ場所もあります。現在、府道を通過していく車は難なく峠を越えていきますが、ここに至るまでには長い道路改良事業の歴史があったのです。

粟田口刑場

次に第二のキーワード・「刑場」についてです。罪人の処刑を行う刑場は、近世の京都ではこれから述べる粟《あわ》田口《たぐち》と、三条御土居西の二箇所が知られています。規模が大きかったのは粟田口刑場でした。粟田口というのは、東海道の京都への出入り口一帯を指す地名です。刑場があったのは、府道一四三号線が東山ドライブウェイの高架をくぐる付近の南側一帯（厨子奥《ずしおく》花鳥町付近）といわれています。一九三一（昭和六）〜一九三三（昭和八）年の京津国道工事のとき、このあたりから多数の人骨が出てきました。現在九条山バス停近くの府道脇に供養塔が二基建てられています。

元禄期に日本を旅したドイツ人医師・ケンペルは、その旅行記に粟田口刑場前を通過したときのことを次のように記しています。

われわれは早朝三時半には大津を後にした。隣り合った奴茶屋と藪下の村を通って日ノ岡という山の麓にある村に着くと、そこからほど遠からぬ所に南無阿弥陀仏という文字を彫った丈の高い石碑が一つ建っていた。その向かいに二人の罪人が磔《はりつけ》にされていた。その磔の柱のすぐ近くの、しかも石碑も十字架も見えない両側に、粗末な物を敷いて一人づつ僧侶が座っていた。そして道に沿って七枚の板がさしてあった。察するに死んだ者の名がそれぞれ書いてあったのだろう。また板の一枚一枚には南無阿弥陀仏と書いた旗のようなものが吊るしてあった。漆塗りの日笠をかぶった僧は一枚の板を前に置き、その上に金属製の容器を逆さにしたような鐘を据え、時々たたいてはなんまいだあを唱えていた。また、そばにもう一つ手桶を置き、それに結びつけた文字の書いてある何枚かの紙片を、手桶にいっぱい入っていた水にちょっとつけた。両側には小さいシキミの束がさしてあり、僧はその一つを小さい棒に結びつけ水をつけて、それで文字の書いてある板切れを絶えず洗い浄めた。そしてその都度そこに書いてある死んだ人の戒名を、経文と一緒に唱えていた。前を通り過ぎるすべての日本人は、僧たちに小銭を投げ与えていた。(46)

この刑場は明治初めに廃止されたのですが、その後一八七二(明治五)年に舎密局《せいみきょく》(47)の申請により粟田口刑場跡に解剖所(48)を設置、刑死者の解剖が行われ医学生多数が見学したという記録があります。

天部の又次郎

さて、刑場というのは一般に粟田口のような都市の境界に設置されることが多いです。第一章でみた奈良坂の刑場も同じような立地です。単に街はずれというだけではなく、人馬の交通が多い場所にあえて設置し、「一罰百戒」効果を狙うという意図もあったのでしょう。また、死が「穢れ」とみられたことも、刑場が境界に置かれた理由に数えられるかもしれません。では、刑場で処刑や罪人の管理を行っていたのはどんな人たちだったのでしょうか。現在では警察と司法とは別ですが、江戸時代までは分かれていませんでした。京都では室町時代から「四座雑色《しざぞうしき》」(49)という組織があって市中の治安維持業務をしていたのですが、江戸時代以後も幕府の所司代、町奉行所のもとで四座雑色が活動しました。その末端業務・刑吏役を担っていたのが「役人村」と呼ばれた村々の人たちでした。役人村は、天部《あまべ》、六条、川崎が中心で、このうち粟田口刑場とかかわりが深かったのは天部です。天部村は元々四条寺町下がるにあったのですが、豊臣秀吉の京都改造事業により、この付近が寺町になるというので立退きを通告され、三条鴨川東に移転させられました。天部の人たちは、古くから死牛馬の処理や皮革関係の仕事をしていた「河原者」と呼ばれた人たちで、移転後は村の周囲が長方形の濠で囲われ、出入り口は北側一箇所という環境になりました。「被差別」を村の形態としても明示されたのです。[50] 京都の部落史に詳しい辻ミチ子氏は、天部の三条鴨東への移転は、粟田口刑場との関係が深いと指摘しています。[51] 近世初頭から粟田口と役人村・穢《え》多《た》頭村《かしらむら》としての天部とが密接に関係付けられたということでしょう。ここで粟田口刑場にかかわる史料を一つみておきたいと思います。

天和三年亥十一月、からす丸四条下がる大きゃうし、さん、茂兵衛、下女、右三人町中御引渡し、
粟田口にて、磔　さん、茂兵衛　獄門　下女たま
　右五日昼夜番天部六条
前田安芸守（直勝）様
　御時
井上志磨守（正貞）様
　荻野□左衛門様
雑式（色）衆　稲田孫右衛門様
　湯浅角右衛門様
六条村年寄
　嘉兵衛
同　下役
　佐右衛門

天部村

年寄中

川崎村年寄

次兵衛

又次郎天部　伝三郎

(『諸式留帳』天和三年十一月『京都の部落史4史料近世1』七八頁。)

京都四条烏丸下がるの「大経師《だいきょうし》」(お経や巻物の表装、暦づくりなどの仕事)の大店《おおだな》の女将であるおさんが、手代の茂兵衛と不義の仲になり、下女のたまはそれを手助けしたという罪で捕縛され、粟田口刑場でおさんと茂兵衛は磔、たまは獄門(斬首)という極刑に処せられました。今の感覚からいえば理解しにくいと思いますが、当時は「不義密通」は重罪だったのです。後に近松門左衛門や井原西鶴が作品の題材にするなど、有名な事件です。史料の後に並んでいる関係者の名前の最後に、「又次郎天部　伝三郎」とありますが、「又次郎」というのは人名ではなく、斬首にあたる役名です。これを天部の伝三郎という人物が務めたということです。「又次郎」役について、辻ミチ子氏は講演(52)のなかで次のように述べています。

又次郎というのは人の名前というより役の名前です。実際に首をはねる役です。江戸だったら下級武士がやっています。京都では又次郎です。どんな人が又次郎になるかといいますと、肝っ玉の太い、すかっと腕の立つ人が選ばれてなるわけです。なかなか誰にでも出来る仕事ではありません。刑吏の仕事にあたって人の首を斬るようなことをするから人に嫌がられるようになる、差別が強くなったといわれますが、一人の人間としての又次郎をみたら、とても立派な人です。役としてさせられるだけで、腕が確かでないとできません。よく漫画などで首がポーンと飛ぶシーンがありますが、あんなことをしたら又次郎は失格です。又次郎は首の皮一枚を残して頭がポトンと落ちるように斬らないといけないのです。ものすごく腕が立たないとできない仕事です。

天部と蝉丸

粟田口との関連でいえば、そこから東海道を西へ向かい、三条大橋の手前で街道を扼《やく》するような立地で天部があったのです。ところで、天部では九月二十四日に「蝉丸忌」が営まれていました。

江州関の明神祭　世に蝉丸と称す、未だ其の実を詳にせず。又三条天部村阿弥陀堂蝉丸忌。此の堂に画影ある、蝉丸を以って乞丐人《かたいにん》の祖と為す。嗚呼痛しい哉。悲田寺与次郎が徒も亦蝉丸を宗とす。故に悲田寺一村の男女来たりてこれを拝す。（黒川道祐『日次紀事《ひなみきじ》』九月二十四日　延宝四年『京都の部落史4　史料近世1』四七四頁）

（現代語訳）近江の関明神に祭られているのは、世間では蝉丸だという。それの詳しいことは分かっていない。また三条天部村の蝉丸忌（について）このお堂にも（蝉丸の）画影がある。（ここでは）蝉丸を乞食の祖としている。痛ましいことである。悲田寺の与次郎と呼ばれる人たちもまた蝉丸を祖としている。このため悲田寺の人たちも（天部に来て）この画像を拝している。

『日次紀事』というのは、第一章でも引用しましたが、江戸初期の儒医・黒川道祐が京都の年中行事を正月から順に日を追って記した本（全十二巻）です。この九月二四日の条に、天部のお寺に蝉丸の画影（掛軸？）が掲げられ、岡崎にあった悲田院（悲田寺）からも参拝に訪れる人があると記されています。悲田院と関清水蝉丸宮

『拾遺都名所図会（巻之二　左青龍首　45 頁）』（国際日本文化研究センター所蔵）

との関係は前に触れましたが、天部の人たちも蟬丸を信仰していました。山科盆地の東西の端・逢坂と日ノ岡の坂に、ともに蟬丸伝承が生きていたのです。

九　農村としての山科

旧石器時代に遡る中臣遺跡

京都へ出入りする境界としての山科については以上に見てきましたが、そこに住む人たちにとっての山科、特に農村としての山科の歴史という視点からは、またまったく異なる様相が見えてくると思います。上に示すのは『拾遺都名所図会《ずえ》』[53]という江戸時代の名所図会の一ページです（日文研データベースより）。

この図は見開きで、前ページには山科妙見堂、三宮神社、梅本寺などの名所が記されており、次ページには四宮河原、蟬丸塔、諸葉（羽）山などが記載されているので、山科の風景（追分付近？）であることは間違いありません。近景には五～六人の旅人の一団がおり、その先頭の人物が笠を上げて遠景に描かれている農作業中の農民に道を尋ねている場面です。この絵は、旅人にとって山科は通過点にすぎないが、地元の農民にとっては生活の場・労働の場であることを象徴していると思います。

山科にいつ頃から人が住み始めたのかはよくわかりませんが、中臣《なかとみ》遺跡からは旧石器時代に遡る石器(54)などの遺物が発見されています。中臣遺跡は山科盆地中央部の南西、山科川と旧安祥寺川の合流点から北へ逆三角状に拡がる台地（低位段丘）の上にあった集落跡で、旧石器・縄文時代から平安時代頃まで、おそらく二万年以上もの間この地で断続的に続いた人々の生活痕跡が集積されています。一九六九年に地元の洛東高校生が須恵器の破片を見つけたのがきっかけとなり、現在までに市営住宅の建替えや新十条通の工事などの機会を利用して八十次以上に及ぶ発掘調査が行われています。その結果様々な研究成果が蓄積されてきました。この遺跡はローカルな一集落跡にはとどまらず、日本全体の歴史にもつながる意味を持っています。例えば「中臣」という遺跡名の由来は、おそらく現地の地名（西野山中臣町）からと思われますが、古代豪族の一つで「大化の改新」の中心人物・中臣（のち藤原）鎌足を出した中臣氏はこの地と深いかかわりがあったようです。鎌足も「陶原《すえはら》の家」という居宅をこの近くに持っていました。彼の死後妻が寺院として「山階《やましな》（科）精舎《しょうじゃ》」と称したのですが、後に子の不比等によって藤原京の厩坂《うまやさか》に移され、さらに平城遷都にともなって再移転された寺が、後に興福寺となったのです。(55)そういえば彼がブレーンを勤めた中大兄皇子（後の天智天皇）の陵が山科に築かれたのも、天皇と山科との縁が浅くなかったからでしょう。また、中臣遺跡のなかに散在する古墳の一つが「坂上田村麻呂墓」とされています。田村麻呂は初代征夷大将軍として東北での蝦夷《えみし》との戦いに遠征し軍功をあげた人物ですが、死後甲冑をつけ立ったままの姿でこの地に葬られたと伝えられます。京都市立勧修小学校の北側に直径十メートルほどの円墳が残り、周囲は小公園になっています。ここは一八九五（明治二十八）年の平安遷都千百年祭に際して整備されました。戦前は坂上田村麻呂は「忠臣」と称えられていたので、山科四小学校（山階、勧修、鏡山、音羽）の小学生たちが、先生に引率され、参拝に訪れていたそうです。(56)

山科七郷

中世になると、各地に農民の共同体である「惣《そう》（村《そん》）」が形成されますが、山科には「山科七郷」と呼ばれる七つの村ができました。野村、大宅、西山、花山、御陵《みささぎ》、安祥寺、音羽の七村です。室町時代になると、山科にあった寺社などの領地（荘園）支配は衰退し始めますが、農民の生産力は逆に高まりました。灌漑や排水施設が整い始めるとともに、牛馬耕の導入、鍬や鎌などの農具の発達、苅敷《かりしき》（堆肥）・草木灰・下肥《しもごえ》など肥料の使用等が普及したことなどが要因です。また山科のような都市近郊農村では商品作物の栽培も盛んになりました。元々は朝廷の供御人《くごにん》という位置づけで、竹などを御所に供給していたのですが、次第に茶やたばこ等の商品作物を京都市中で販売するようになりました。一四七七（文明九）年十二月に、当時山科の実質的な管理者だった公家の山科家から、農民が商業に携わるための「免許札」五三九枚が交付されています。この頃（十五世紀後半）には、山科農民は商品経済に組み込まれ、「銭」なしでは生活できないようになっていたのです。また、荘園領主などの力が強いときには下層農民の存在感は薄かったのですが、農民の自立が進むと惣のなかでは下層農民も一構成員として認知されるようになります。惣のリーダーは「おとな」、それ以外の構成員は「地下《じげ》」と呼ばれていましたが、おとなは地下のなかから選ばれました。惣の意思は先例を基準とし、寄合いの場で話し合って決められましたが、意見がまとまらないときや急を要するときは「多分の儀」（多数決）によりました。

戦乱の時代になると、惣の意思決定が構成員の命運を左右するようになってきます。山科は京都に近いので、応仁・文明の大乱（一四六七～一四七七）期やその後の戦国期にはその時々の対処の仕方が絶えず問われました。惣によって対応が異なると混乱の基になるので、山科の惣全体のまとまりが重要とされました。このまとまり（山科七郷という広域の郷村結合）は「惣郷《そうごう》」と呼ばれています。これを維持するため平時から七つの惣の寄り合いが定期的にもたれ、意思決定が必要なときは各惣一票で決められました。緊急を要するときは花山の高台に設けられていた鐘が連打され各郷から十人ほど（場合によっては）具足をつけ武装した郷民が駆けつけて「野寄合」

（野外での寄合）が行われました。

正長・嘉吉の土一揆

山科惣郷のまとまりの力が発揮された事例を二つ見ておきたいと思います。一つめは、土一揆です。土一揆は農民が借金の帳消し（徳政）を要求して行う実力行使ですが、特に有名なものとして正長《しょうちょう》の土一揆（一四二八年）、嘉吉《かきつ》の土一揆（一四四一年）があります。山科惣郷は両方ともに大きなかかわりを持ちました。まず正長の土一揆ですが、きっかけになったのは近江坂本の馬借《ばしゃく》の蜂起（八月）です。馬借は運送業者で、本拠地は坂本[57]ですが、山科にも拠点を持っていたのでこの動きはすぐに山科にも伝わりました。山科の農民も馬借と同じように土倉・酒屋（当時の高利金融業者）からの借金の返済に悩まされていたのです。九月頃から山科、醍醐（山科の南、現在京都市伏見区）の農民たちが京都市中の酒屋・土倉に押しかけ、質物や借金の証文を奪ったり焼いたりしました[58]。興福寺大乗院尋尊《じんそん》[59]は、日記（『大乗院日記目録』）に次のように記しています。

正長元年九月　日、一天下の土民蜂起す。徳政と号し、酒屋土倉寺院等を破却せしめ、雑物《ぞうぶつ》等ほしいままに之を取り、借銭等、悉《ことごと》く之を破る。管領《かんれい》之を成敗《せいばい》す。凡《およ》そ亡国の基、之に過ぐべからず。日本開闢《かいびゃく》以来、土民蜂起これ初めなり。

（現代語訳）正長元年九月　日、天下の土民が蜂起した。徳政を要求して酒屋・土倉・寺院などを打ちこわし、色々な物を勝手に奪い、借金の証文などもことごとく破ってしまった。管領がこれを取り締まったが、およそ国が亡びる原因としてこれに勝るものはない。日本国が開国して以来、土民の（大規模な）蜂起はこれが最初のことである。

この史料は有名で、高校の日本史教科書にもよく引用されています。「体制側」の人間である大乗院尋尊にしてみれば、このような土民の行動が拡大するのは下剋上の至り、「亡国の基」で由々しきことだったのです。

山科惣と関

一四四一（嘉吉元）年六月二十四日、「嘉吉の変」が起こりました。ときの将軍・足利義教《よしのり》が、部下の赤松満祐に殺害されたのです。赤松は混乱に乗じて国元の播磨へ帰ったので、幕府は七月末に侍所別当・山名氏を中心とする追討軍を送りました。その留守を狙ったように、八月頃から数万の一揆勢が京都を包囲し始め、九月三日には京都の七口を封鎖。「将軍の代替わりに徳政が行われるのは先例。徳政が行われなければ京都を焼き払う」と気勢をあげました。このとき山科・醍醐勢は近江の馬借たちと共同で東海道、汁谷（渋谷）越えを経て粟田口、清水寺あたりの要地を固めたと思われます。幕府は軍の主力が留守中でもあり、一揆勢の要求を呑まざるを得ず九月十二日に「一国皆同徳政令」を出しました。一揆勢の勝利に終わったのです。この時期は山科だけではなく、各地の惣が強い結集力を持っていて、[60]その連携によって幕府権力をも屈服させたのです。

惣の結集力が発揮された事例の二つめは、関（所）に関することです。一四五四（享徳三）年六月、東福寺は法性寺大路《ほっしょうじおおじ》（現在の大和大路通にあたる）に新関を設置し、関銭（通行料）を徴収しようとしました。これを知った山科惣郷は醍醐勢とともに関を襲撃し、この新関を廃止に追い込みました。山科・醍醐郷民としては、京都から南都・奈良に通じる主要交通路である法性寺大路に関を設けられ、通行するたびに関銭を取られるのでは「商売」に差し障ると判断したのです。これと逆の事態が一四七七（文明九）年に起こりました。山科惣郷が東海道の神無森《かんなしもり》付近に関を設置したのです。ここで上がる関銭収入のうち三分の一は山科家が、三分の二は山科惣郷が取るという約束でした。ところが、この直後室町幕府がすぐ西の御陵に関を新設し、神無森関の廃止を命令しました。幕府としては農民の惣が関を設置し関銭をとるような事態を放置できなかったのでしょう。しかし、この神無森関は、住民設置の関として確実な史料が残っている唯一の事例(61)だということです。

蓮如と山科本願寺

ちょうどこの頃、山科本願寺の建設が始まっていました。着工は一四七八（文明十）年、三年後には御影堂、阿弥陀堂など主要伽藍が完成し、さらに寺域を囲むように寺内町が形成されました。本願寺を中心とするこの一帯は濠と土塁に囲まれ、時節柄防御的な態様をとっていましたが、その内部はまさに都市そのものでした。寺内の最外郭部（外寺内）には町場が形成され、商人や職人が住んでいました。ここを訪れた公家の鷲尾隆康は、その日記（『二水記』）に、「寺中広大無辺にして、荘厳さながら仏国の如しと云々。在家又洛中に異ならずなり」と記しました。寺内は京都市中と同じように賑わっていたというのです。このときの真宗（一向宗）門主・蓮如は、山科の地の風光が気に入ってこの地を選んだといわれていますが、京都に隣接し、かつ交通の要地であるという地の利と、当時真宗勢力がかなり浸透していた山科惣郷のただ中に抱かれていることも、蓮如がここに本願寺を建てることを決断した要因だったのではないでしょうか。蓮如はこの地で亡くなりますが（一四九九年、八十五歳）、その後一五三二（天文元）年八月、山科本願寺は近江守護の六角氏と法華門徒（日蓮宗信徒）の連合軍に襲われ、寺域、寺内町ともにほぼ跡形もなく全焼してしまいました。

蓮如廟所（山階小学校の東）

その後山科本願寺跡には元の農村景観が戻り、近現代には市街地化が進んでその遺構は埋没しつつありました。特に国道一号線バイパスが遺跡のほぼ中央部を横断するように開通（一九六七年）してからは、住宅

山科公園内（史跡指定地）に残る土塁

史跡未指定地域に残っている土塁・濠跡

開発が急速に進み、残っていた土塁や濠跡の破壊が相次ぎました。本格的な発掘調査は一九九七年頃から始まっていましたが、それにかかわった研究者や、文化財保護に関心を持つ市民が遺跡保存の声を上げ始めた成果もあって、二〇〇二年秋、「山科本願寺南殿跡附《つけたり》山科本願寺土塁跡」約一・四ヘクタールが国史跡に指定されました。現在、山科中央公園のなかに残っている土塁周辺が遺跡公園化されるなど、山科本願寺遺構を現代に活かす取り組みが始まっています。しかし、周辺の未指定地域に残っている土塁や濠跡は依然としていつ破壊されるかも知れない状況であり、史跡指定地域の拡大など保護行政の進捗が望まれます。

十　近世の山科

山科十七か村

近世に入ると、年貢を村単位で上納させるための「村切り」（村域の確定）が行われ、それまでの山科七郷は十七の村に区分されました。日ノ岡、御陵、上野、四宮、音羽、小山、大塚、厨子奥、竹鼻、東野、西野、椥辻《なぎつじ》、大宅、上花山、北花山、川田、西野山の十七村です。これらは江戸時代の初め頃、六千石余の禁裏御料（皇室領）になりました。この他に北部・毘沙門堂門跡領の安朱《あんじゅ》村、南部・勧修寺門跡、醍醐寺領の勧修寺村、町場の髭茶屋、八軒町などがありましたが、山科盆地の大部分が禁裏御料となり、それらのまとめ役は、山科家に代わって上花山村の比留田《ひるた》家、東野村の土橋家が「触頭《ふれがしら》」を務めることになりました。この両家は前の時代の「地侍」の系譜を引く郷士で、両家の他にも帯刀を許されている郷士(62)が計百六十家ほどありました。触頭の両家には京都町奉行、雑色などから「触状」が下達され、それらは各村の庄屋に伝達されました。触頭や郷士は基本的には農民ですが、庄屋を筆頭とする一般農民の上に立ち、山科地域の自治に一定の責任を持っていました。村どうしの相論《そうろん》（揉め事）が起こった時には調停役を務めたりもしました。

ところで、触状などの伝達は電話などがない時代、勿論人の手によって行われました。触頭などから出された廻状（現在でいえば回覧板）は、受け取った（確認した）時刻を記して次の村へ回し、発信元に戻ることによって伝達が確認されていました。この結果、触頭だった比留田家文書には三一一点もの触状が残されています(63)。次の史料は触頭から出たものではなく、年貢上納業務の年番を勤めていた大塚村から出されたものですが、廻状の体裁や伝達に要した時間などがわかります。

　急廻状　辰刻出。　年番
　　大塚始
前文御免可レ被二成下一候。然は先日持付ニ相成御蔵米、明三日納ニ相成候間、此段御案内申上候。
此度之納ハ甚以六ヶ敷候間、不参なく御出勤可レ被二成下一候。此廻状刻付を以御廻し可被下候。以上。
　五月二日　　辰刻出。
大塚村　　辰刻、拝見仕候。

大宅村　辰刻下、拝見仕候。
東之村　巳ノ刻拝見致し候。
椥之辻村　巳刻、拝見仕候。
西之村　午刻、拝見致し候。
西之山村　未半刻、拝見仕候。
上花山村　酉刻、拝見仕候。
川田村　酉半刻、拝見仕候。
右各村々庄屋中(64)

最後に「右各村庄屋中」と宛名が書かれているので、八つの村名は予め記されていて、その下に廻状を確認した庄屋が時刻を記して次の村に回したのです。各村から供出された御蔵米（年貢）を納入する日限が五月三日と決まったので、前日の二日にその件の伝達・確認のため「急廻状」が回されたのです。辰刻（現在の午前八時）に大塚村を出た廻状は、酉半刻（現在の午後七時）に最後の川田村が確認しています。回覧に十一時間ほどかかったということですが、現在の町内会などの回覧板が回るスピードより余程早いのではないでしょうか。

清目と農村

ところで、最後の川田村の村名は一段下げて記されています。この廻状だけでなく、山科の村名が書き上げられる際には川田村は最後に一段下げて記されたのです。川田村は村高二百九十五石の農村ですが、他の村々とは同等には扱われていませんでした。それはこの村のルーツが死者を葬る「清目《きよめ》」の村だったからです。花山地域には旭山古墳群(65)、西野山古墓などの古い墓域があります。西野山古墓は、一九一九（大正八）年、地元の人が竹藪の手入れをしていて偶然発見したもので、周囲に木炭を敷き詰めた木棺のなかに金・銀で装飾された太刀や鏡など豪華な副葬品がありました。これらは一九五三（昭和二十八）年に一括して国宝に指定され、現在は京都大学総合博物館に所蔵されています。墓碑銘《ぼひめい》（被葬者の名前、業績などが記された銘板）は確認されず、誰の墓かは特定できていなかったのですが、近年京大文学部の吉川真司氏により、坂上田村麻呂の墓だという説[66]が出されました。このあたりは、東山を越えた西斜面の鳥辺野と同じように、昔から無常所（墓地）として（田村麻呂のような貴人だけではなく）多くの死者が葬られた土地でした。それらの死者の葬送に携わっていたのが清目の人たちです。第一章でみたように、死が穢《けが》れと見られるようになった古代末頃から、清目は死穢《しえ》を清める職能を持つ（穢れを引き受ける）身分とされます。

しかし、川田の人たちは早くから農耕にも携わっていたのです。一四三八（永享十）年八月付の勧修寺文書（「新御領内壱町参段坪付事」）に、蕨岡《わらびおか》西という所の一反の田を花山清目孫四郎という人物が耕作しているとの記録[67]があります。江戸時代になると川田の住人が「中田《ちゅうでん》」（検地の結果「上田」に次ぐ評価をされた田。以下「下田」、「下々田」に四区分）を耕作しているとの記録[68]もあります。辻ミチ子氏は、これらの史料を初見したとき驚いたそうです[69]。なぜかというと、清目の人たちは主要な産業である農業から疎外され、死牛馬の処理や雑業に携わっていたというのが当時の一般的な見方だったからです。その点、川田村は近世になると純農村とも言ってよい地域でした。あと一つ辻さんが重視しているのは、川田村には「村三役」（庄屋、年寄、頭百姓）が揃っていたことです。普通清目や河原者がルーツの村は庄屋は置けず、年寄がトップなのですが、川田村には庄屋がいました。村高も二九五石（田二〇五石八升四合、畠九十石八斗五升）で、山科十七か村では中ぐらいの位置です。しかし村に課される夫役《ふやく》は、他の村とは違っていました。川田村は、天部出身といわれる下村家の元[70]で「二条城掃除番役」を負担していました。下村家が断絶（一七〇八年）した後は、天部など役人村の配下で「牢屋敷外番役」を出していました。人数は三二四人で、天部・川崎と同人数です。これは後には「代銀」（お金）で済ますようになりますが、村の位置づけは江戸時代末まで変わりませんでした。山科には大宅村内にも「非人番《ひにんばん》」「穢多《えた》」がいたという記録[71]があります。

十一　近代の山科

山科郷士にとっての明治維新

さて、幕末・維新期を迎えると、山科にも時代の荒波が及んできました。山科は皇室領だったこともあり、東京への遷都は大きな衝撃でした。特に山科郷士たちは、御所の門の警備や宿直などを行ってきたこともあり、これらの職務がなくなったことの喪失感は大きかったのではないかと思います。彼らは御所に出仕するときには通常の自宅玄関は使わず、「式台《しきだい》」から出入りしました[72]。自宅に式台があることは山科ではステータスであり、自尊心の源だったのです。幕末・維新期、山科郷士は触頭の比留田《ひるた》権藤太《ごんのとうた》を中心に「山科隊」を結成、戊辰戦争にも「官軍」として従軍しました。比留田らは、東京遷都が決まると悩んだ末に自分たちも東京に移住することを決意し、新政府に東京近辺での土地下付を陳情しました。その結果、一八七二（明治五）年五月に「内藤新宿」他の地に計二万五千坪余の土地が与えられましたが、その件を記した太政官文書には「荒蕪《こうぶ》不毛之地」と記されていて農耕には不向きの土地でした。案の定、比留田らの奮闘にも関わらず開墾は失敗に終わってしまいました。これだけで済めばまだ良かったのかもしれませんが、比留田らはさらに新天地に期待をかけ、一八七六（明治九）年八月、「開拓可能地」として下付された房総半島の平山村、板尾村、長峰村入会《いりあい》地三十一町五反余に入植しました。山科郷士の一行は開拓村を「東山科村」と名付けて開墾に取り組んだのですが、同地は関東ローム層（火山灰性の赤土）に覆われた荒蕪地で開墾は困難を極め、三年余の苦闘の後当時の金で一万二千円余の欠損を出して中止・撤退せざるを得ませんでした。この結果、比留田は山科に持っていた土地・資産をほとんど失い、傷心のうちに一八八二（明治十五）年二月、五十一歳で亡くなりました。なお、開拓村の跡地には「東山科町」という地名が残り（千葉市緑区）、同地の金刀比羅神社には山科郷士による開拓事業について記された記念碑が現存しているそうです。(73)

鉄道と疏水

明治になって京都から首都機能がなくなると、人口も減少し始め京都は一地方都市に転落する危機を迎えました。初代、二代京都府知事、長谷信篤《ながたにのぶあつ》、槇村正直《まきむらまさなお》やそのブレーンとして活動した明石博高《あかしひろあきら》、(74) 山本覚馬《かくま》(75)らは京都を近代都市・文化都市として再建することにより、その危機から脱することができると考えました。舎密局の創設、京都市中を計六十四の番組に区分し、それぞれに小学校兼番組会所としての番組小学校を設立するなどの施策が進められました。しかしそれらの施策に山科が組み込まれることはなく、広域的な取り組みが行われる場合には、山科は「いかに効率的に通過するか」という観点から見られがちでした。その典型的事例として鉄道（東海道線）の敷設と琵琶湖疏水工事があげられます。まず東海道線の敷設ですが、一八七八（明治十一）年八月に京都―大津間の建設工事が開始されました。既に前年の十月に京都―大坂―神戸間が開通しており、京都駅は現在の位置ですから、そこからどういうルートで山科盆地を通過し、大津と結ぶかという課題がありました。当時の技術（蒸気機関車による牽引、トンネル掘削）では勾配は二五パーミル、トンネルも延長一キロメートル程度が限界だったので、ルートは自ずと決まりました。すなわち、京都駅から現在のJR奈良線のルートを南下、稲荷駅の南から東へ向かい大亀谷付近で桃山丘陵の低い鞍部（標高七〇メートル程度）を越え（ほぼ現在の名神高速道路のルート）、山科盆地に出ると斜めに盆地を横切って大谷付近から逢坂山をトンネルで潜り、大津へ出たのです。最大の難工事は逢坂山トンネルでした。先に開通していた阪神間の天井川をくぐる三ヶ所のトンネルはいずれも開削（オープン）工法だったのですが、逢坂山トンネルは鉱山坑道技術を用い、手掘りでの延長六六四メートルという日本初の本格的な山岳鉄道トンネル、しかも日本人技師のみによって掘削された土木史上画期的な工事でした。このトンネルは一九二一（大正十）年、現在の東山トンネル（一八六五メートル）、逢坂山トンネル（二三二五メートル）を通る新ルートの開通により廃止されましたが、東口（大津側）が「近代産業遺産」として保存されています。山科には勧修寺付近に山科停車場、逢坂の西に大谷停車場が設置されましたが乗降客も多くはなく、駅前が賑わうということもありませんでした。山科の人口推移をみると、鉄道開通前後であまり変化はなく（明治十年代〜四十年代初めまで六千〜七千人台）旧東海道線の時代、山科にとっては通過交通を受け入れたという以上の意味はあまりなかったと言えます。逢坂にかかる小山付近は傾斜が最も急なので、時々蒸気機関車が止ってしまい、住民に動かすための手伝いを依頼してきたという昔話[76]が伝わっていますが、当時の山科住民にとって鉄道は「通過していくもの」だったのでしょう。

旧東海道線逢坂山トンネル東口

坑内の丁寧な煉瓦積み壁面

　次に琵琶湖疏水について見ていきますが、こちらは少し事情が異なっています。琵琶湖の水を直接京都まで引水しようという計画は江戸時代からありましたが、山科盆地の東西にある山を水路が越すにはどうしてもトンネルが必要で、技術の壁が立ちふさがっていました。この壁を破ることを期待され招聘されたのが、工部大学校（東京大学工学部の前身）を出たばかりの若き技術者・田邊朔郎《たなべさくろう》（一八六一～一九四四）でした。彼を京都府に招いたのは第三代京都府知事・北垣国道です。北垣は京都が近代都市として再生するには琵琶湖疏水の開通が必須であると確信し、国全体（内務省）の土木予算が百万円ぐらいだった時代に、総額百二十五万円という建設費を確保し琵琶湖疏水を実現させるため奔走しました。疏水工事は、当時の日本の土木技術にとって「初めて」尽くしでしたが、一八八五（明治十八）年六月の着工以後約五年間の苦闘の末、一八九〇（明治二十三）年四月に竣工しました。竣工式の前夜祭（夜會）では、夷川舟溜に祇園祭の月鉾・鶏鉾《にわとりぼこ》・天神山・郭巨山《かっきょやま》が並び祇園囃子が囃されるなかで如意岳の大文字も点火され、付近は人出で埋まったそうです。[77] 時期外れの山鉾や大文字というのはあまり聞いたことがなく、いかに京都をあげての祝賀ムードだったかがわかります。

農民にとっての疏水

ところで、いま琵琶湖疏水といえば「京都の上水（水道）源」というイメージが強いですが、当初上水の供給は計画に入っていませんでした。琵琶湖の水が京都の上水源として使われるようになったのは、明治末に第二疏水が開通して以後のことなのです。[78] 当初計画では、京都工業化のための動力源供給と、東海道の坂越え・牛車による物資輸送を水運に転換し、安定的な大量輸送を可能にする事が二大目的でした。このうち、動力源は元々水車を想定していたのですが、工事中の一八八九年に田邊らが米国を視察した際、これからは水車よりも水力発電の時代になると直感し、急遽蹴上《けあげ》に水力発電所を設置するよう計画変更しました。この結果、一八九五（明治二十八）年二月には日本最初の電車路線が京都駅前―伏見下油掛（伏見港）に開通したほか、蹴上のインクライン[79]も電力によって稼働することができたのです。

さて、疏水工事を進める京都側としては、山科盆地をいかに効率的なルートで通過させるかというのが関心事であり、長等《ながら》山下の第一トンネルから西は（諸羽トンネルなどいくつかのトンネルを除き）基本的に山科盆地の北端山麓を通過するルートになりました。これに対し山科の農民は鉄道工事とは異なり、疏水工事には強い関心を寄せました。「水」の問題は、農民にとっては死活問題だからです。元々山科はあまり水に恵まれた地ではありませんでした。川の水をうまく引けるところはいいのですが、盆地のなかは結構起伏が大きく、段丘性の台地[80]などには川水が引けません。また山麓の扇状地、特に扇央部では通常川の水が伏流してしまい、表流水を利用するのは困難でした。盆地周辺の傾斜地には小さな溜池がたくさん造られていますが、それは川の水だけでは足りない農地が多くあったからです。農民が必死で水の手当てをしても、干ばつ被害に何度も襲われました。幕末に近い一八二三（文政六）年には日照り続きで稲の収穫が例年の三分の二程度にしかならず（立毛不作）、年貢の減免などが行われたにもかかわらず山科農民の多くが飢餓状態になった[81]こともあります。

また、水は恵みであるだけでなく、一たび暴れ出すと水害を引き起こし大きな被害をもたらします。山科では昔から何度となく水害被害に悩まされてきました。綱本逸雄『京都盆地の災害地名』（勉誠出版二〇一三）には、山科盆地の災害記録がいくつか紹介されていますが、例えば椥辻村では、一八〇七（文化四）年の記録「先月二十三日大雨洪水ニ付、音羽川幷四宮川之流打合、山川筋隣村東野領ニ而内外共押切リ、当村領右川之請堤弐ヶ所ニ而、凡延長十七八間余切落、此他普請所ヨリハ数ヶ所切離田畑共今以一円水下ニ相成」（比留田家文書）が収録されています。音羽川、四宮川合流点付近などの堤が決壊し、被災した田畑はいまだに水没したままだというのです。山科中・南部では、盆地を流下する河川水が集まってくるし、山科川が合流していく宇治川の水位も上がると、うまく水が吐けなくなり、洪水被害に至ってしまうのです。

ところで、先に琵琶湖疏水の二大目的は動力源と水運だったと記しましたが、一八八三（明治十六）年十一月に出された「起工趣意書」には、それ以外にも灌漑、精米（用）水車、防火、井泉（補充）、衛生（河川水を増加させ腐敗水を一掃する）という五目的があげられています。このうち灌漑については、次のように記されています。

其三　田畑灌漑之事　此地周囲ニ接スル耕地中愛宕葛野宇治紀伊四郡ニシテ南宇治川ニ沿ヒ西桂川ニ據ル田畑ヲ除クノ他ハ皆水利ノ乏シキニヨリ年々ノ収穫ヲ摩耗スルヤ極メテ大ナリ本年ノ如キ稀有ノ旱魃ハ暫ク算外ニ措キ平常ヲ以テ統計スルニ四郡中旱損ニ罹ル處ノ反別凡千二百四十七町餘アリ此収穫凡平均九千七百餘石ヨリ現収スル能ハス若シ之レニ用水ヲ疎通シ灌漑ヲ充分ナラシメハ普通良田トナリ二萬五千九百餘石ヲ得ヘク此増穫一萬六千二百餘石ヲ今假リニ一石六圓ト見積ルトキハ年々九萬七千餘圓ヲ得ルニ至ルヘシ(82)

当時山科は宇治郡に属していましたから、「旱損《ひでりそん》ニ罹《かか》ル處《ところ》ノ反別《たんべつ》凡《およそ》千二百四十七町餘《よ》」のなかには山科の農地も含まれていた筈で、琵琶湖疏水から用水を得られるというのは山科農民にとって朗報だったのではないかと思います。しかし、工事が始まった後の一八八九（明治二十二）年十月、宇治郡山科村大宅、小野、勧修寺、西野山、栗栖野、椥辻、同醍醐村醍醐、北小栗栖、南小栗栖、石田、宇治村六地蔵、および紀伊郡堀内村六地蔵の各総代二十四人が連名で、宇治郡長に対し「疏水による災害弁償盟約」の締結を願い出ました。それによると、疏水の築堤が崩壊したり、越流によって水害のおそれがある。また大雨のときの放流水が山科川などの増水につながり、在来河川の水害が激化するおそれもある。このような災害が起こった場合疏水起業者である京都市が補償するのが当然なので、そのような盟約を結んでほしいというものです(83)。しかし、『琵琶湖疏水の一〇〇年　叙述編』には「当時山科村北部では田畑の用水として疏水から相当量の分水を期待していたので、この陳情運動との間に微妙な関係を生じ、郡長は村民と京都市との板挟みになって苦しい立場に立たされた(84)」と記されています。確かに、宇治郡長に請願した上記の十二大字は山科盆地中・南部の村々で、北部の村は同調していません。このとき山科のなかでも疏水に近く分水への期待が大きい北部と、用水による引水がすぐには期待できないし、水害被害拡大の心配の方が大きい中・南部とでは利害が一致せず統一歩調がとれなかったのです。

「償水」から「用水」へ

この間の経緯については別の史料もあります。一九三九（昭和十四）年九月八日、琵琶湖疏水開通五十周年を記念して「疏水回顧座談会」が開かれ、田邊ら工事関係者五名が当時の思い出を語りました。その速記録が『琵琶湖疏水及水力使用事業』（京都市電気局　一九四〇年）の別冊付録として刊行されています。田邊はこのとき七十八歳になっており最晩年といえる時期ですが、記憶はしっかりしていたようで、疏水工事前後のことを詳細に語っています。そのなかで、司会者（祝京都市電気局長）の「疏水の沿線の住民は餘り彼是れ云はなかったですか」という問いを受けての田邊の発言です。

> 途中で反對しましたのは主として山科です、それで山科が彼處《ここ》へ疏水を拵《こしら》へられては水害が出来て困ると云って反對したものです、それからとうゝそんなに反對するならば水が要っても落成してからやらぬと云ふことで片付けた、さうしたら今度は水が欲しくなって来た、それで何とかして水をくださらんか、事に依ったら百姓一揆が起こるかもしれないと云ふことで、そんなことで始めは反對したのですが、それぢやマアゝやりませうと云ふことで分水して居る譯《わけ》です。

この田邊の発言は、あくまでも彼自身の捉え方だと思いますが、山科農民は最初は水害への危惧を理由に反対し、次に農業用水分水の要求に転じたと述べられています。山科農民にしてみれば、「水害が怖い」ということと、「水が欲しい」ということは別々のことではなかったはずなのですが、田邊ら疏水事業者側からは、「反対するなら水はやらない」というような対応をされたようです。この当時は宇治郡山科村が発足した直後で、初代村長になった柳田謙三[85]ら当時の山科のリーダーたちの苦労が偲ばれます。しかし、先に見たように疏水計画には元々灌漑用水が入っていたのですから、「それぢゃマアゝやりませうと云ふことで分水」したという田邊の発言は、後日談とはいえ当初の趣旨とは少し外れているような気もします。山科側から言えば、盆地の北端を疏水が通過するので北の山から流下する四ノ宮川や安祥寺川などの流量に影響が出るかもしれないという危惧(86)もありました。結果的に計四箇所からの分水路(87)が設置されましたが、山科農民は疏水からの水を「償水《しょうすい》」（補償としての水）と呼んでいました。

このうち東部・藤尾からの取水路は「音羽分水路」と名付けられましたが、その後明治末にかけて地元の長谷川伊之助、中山安次郎、福井清左衛門、粟津太兵衛らが中心になって水路を整備・延伸しました。水を巡っては利害が錯綜しがちで、色々な揉め事や紆余曲折があったようですが、それらを乗り越え、水不足に悩んでいた山科東部の田を潤す「洛東用水」に発展しました(88)。現在音羽病院の構内に「音羽水路紀功碑」（一九〇八・明治四十一年二月建立）が建っています。

音羽水路紀功碑（音羽病院構内）

また、日ノ岡に造られた分水路からは、北花山分水路が南へ延伸されました。これが現在の東山用水です。北花山寺内町に「花山分水路建設記念碑」が建てられていますが、その碑文によると柳田謙三ら地域の人々が相計って一八九一（明治二十四）年七月に起工し翌年十二月に竣工。総延長凡そ三千間（約五四〇〇メートル）で、日ノ岡、北花山、上花山、川田、西野山計五村の田を潤し、昔のような農用水枯渇の虞《おそれ》がなくなった、とあります。

琵琶湖疏水開通に伴う山科での農業用水路再編事業は、山科の歴史に新しい一ページを加えるものでした。疏水開削は京都近代化のための切札としての事業でしたが、農村としての山科の歴史の蓄積と、当時の山科農民が結果的には目先の利害得失を越えて結束したことにより、琵琶湖疏水は単に山科を通過するだけではなく、山科にも恵みをもたらすものに変えることが出来たのではないかと思います。[89]

十二　山科の現代化

近郊住宅地への変貌

一九二六（大正十五）年十月、山科村は京都府下四番目の町として山科町になりました。この期間は短く、五年後の一九三一（昭和六）年四月、伏見市などとともに京都市に編入され、京都市東山区になりました。さらにその四十五年後の一九七六（昭和五十一）年、東山区から分離して京都市山科区が誕生しました。この間の人口の推移をみると、明治末に約八千七百人だったのが一九二〇（大正九）年には一万九十五人、一九三五（昭和十）年には二万四千二百九十六人、一九五〇（昭和二十五）年には三万二千三百四十一人、一九七五（昭和五十）年には七万七千七百十四人、一九八五（昭和六十）年には十三万三千九百二十九人と増加してきました。[90] 特に戦後の高度成長期に急増し、その勢いは低成長期に入っても止まらなかったことがわかります。人口増の要因は時期によって異なると思いますが、[91] 基本的には京都市近郊の住宅地としての開発進行であり、そのためのインフラ、特に交通網の整備が進んだことによって山科が近郊農村から近郊住宅地に変化していったことと言えるでしょう。

交通網の整備についてみると、まず一九一二（大正元）年、京津電気軌道（現在の京阪電車京津線）が開通し、ほぼ旧東海道に沿って日ノ岡、御陵、毘沙門道、四ノ宮の四駅が設置されました。また一九二一（大正十）年、山科盆地を斜めに通過していた国鉄旧東海道線が盆地北部の現路線に移設され、山科駅が京津線毘沙門道駅の北側に隣接する現在地に設置されました。このとき毘沙門道駅は「山科駅前駅」と改称され、[92] 国鉄路線との乗換が便利になりました。この結果、山科駅前付近はターミナルとしての利便性が高まり、竹鼻には商店街ができるなど「大工がひっぱりだこ」[93]になるような開発ラッシュが現出しました。この時期が山科の近郊住宅地化の第一期だったと思われます。しかし、明確な都市計画に基づく行政による規制・指導がまだなかったため、特に住宅地開発については無秩序・無計画なスプロール（虫食い）化が起こりました（第一次スプロール）。

一九七四（昭和四十九）年には国鉄（現ＪＲ）湖西線山科─近江塩津間が開業、山科は京都から湖西・北陸方面への分岐点という意味も持つようになりました。さらに、一九九七（平成九）年京都市営地下鉄東西線・醍醐─二条駅間が開通[94]。このとき三条通の路面を通っていた京阪電車京津線も、御陵─京都市役所前駅間に乗り入れという形で地下路線を共有し、御陵以西の路面軌道は廃止されました。このように鉄道・電車路線の整備が進んだ結果、山科は京都のみならず大坂方面への通勤・通学圏となり、住宅地化、市街地化が進みました。高度成長期以後は、市営住宅など大規模な住宅団地の建設と、その間隙を縫うように進められた「ミニ開発」とが同時進行し、後者が優越する地区では無秩序・無計画に街路・街区が拡大していく（第二次）スプロール化が進行しました。山科に行き止まりや迷路状の街路が多いのは、第一次（大正末～昭和初）および第二次（高度成長期）スプロール化の結果なのです。

次に道路ですが、前にみたように旧東海道（三条通）の改修は繰り返し行われ、一九五二（昭和二十七）年にはこのルートが国道一号線となりました。しかしモータリゼーションが進むと増加する自動車交通を捌《さば》ききれなくなり、一九六七（昭和四十二）年に開通した五条バイパスが国道一号線に変わりました。また一九五八（昭和三十三）年に全国初の高速道路として山科で起工された名神高速道路が一九六三（昭和三十八）年に開通、山科に京都東インターチェンジが設置されました。五条バイパスが完成した一九六七年には、山科を南北に縦断する外環状線（山科─観月橋）も開通しました。さらに東西交通としては、新十条通の建設が進められ、椥辻の山科区役所前から西野山へ、さらに新稲荷トンネルを経由して阪神高速八号京都線に接続するルートが二〇〇八（平成二十）年六月に開通。こうして京都市中心部との時間距離は鉄道・道路ともに大幅に短縮され、山科駅前や醍醐駅前は再開発されて、京都の副都心的な機能も持つようになりました。

暮らしの変化

　さて、このように山科の市街地化が進むと、主要交通路に沿う景観は都市的なものに変わり、昔からの「山科らしさ」は後景に退いていきました。山科には今も農地が残り、古くからの集落は昔の名残を留めてはいますが、それらは今後ますます少なくなっていくでしょう。景観が変わっただけではなく、山科での暮らしも大きく変わってきました。京都橘女子大学（現京都橘大学）・山科民俗研究会「山科の地域景観と民俗の変容[95]」では、高度成長期以後の山科での生活の変化について、次の五つをあげています。一、ガスの普及により台所の「おくどさん」が姿を消し、それに伴い土間がいらない家の構造に変わったこと、二、自宅で産婆さんの助けによって出産することがなくなり、病院での出産が大半になったこと、三、家で結婚式など人生儀礼が行われなくなり、結婚式場で行うようになったこと、これによって村内のつながりが希薄になり、大勢で集まったときに使う村の共有什器が使われなくなり、姿を消したこと、四、土葬が行われなくなり、野辺送り行列が消滅、火葬場・葬儀場での葬儀に変わったこと、五、農業機械が導入され、どの農家にもいた牛がいなくなって、夜なべに藁で牛の沓《くつ》を編むといった仕事もなくなったこと。

　これらは山科だけの変化ではありませんが、画一化が進むなかでこうした昔からの生活習慣のなかにあった山科特有の風俗・習慣もしだいに廃れていったのです。この結果、先の論考には「山科のどこをみても同じような景観、もっといえば全国どこにでもある、大都市周縁部の景観になってしまいました[96]」と記されています。

十三　「山科の良さ」を次世代に伝える取り組み

ゆうなぎの水

私は京都の西陣で生まれ育った京都人ですが、今まであまり山科との接点がありませんでした。今回逢坂との関連で山科の取材を始めてすぐに分かったのは、「山科が好き」「山科の良さを伝えたい」といった人たちがたくさんいて、活発に活動されているということでした。そのような活動は、京都の他の地域、今回取り上げた他の坂の地元でも取り組まれているのですが、山科でのそれは特に元気があると思うのです。それはなぜなのかはしばらくおくとして、私がそのような活動にアクセスしていった経過を追って、具体的な取り組みを見ていきたいと思います。

まず私が注目したのは、椥辻《なぎつじ》の山科区役所のすぐ近くにある「ゆうなぎの水」という湧水でした。この付近は山科盆地の東部から流下する音羽川などが作った扇状地（複合扇状地）の扇端部にあたり、元々湧水が多い土地です。地元では湧水のことを「生水《しょうず》」と呼び、昔は生水が湧く田に芹を栽培する「芹田《せり》」もたくさんありました。芹は春の七草の一つで、湿地を好み、特に春先は水温が高い湧水が栽培に適したのです。最後まで残っていた芹田は椥辻保育園の西側にありましたが、保育園の北にも生水が湧いていました。二〇〇二年、この生水を水源とする水路を改修する際、親水空間をつくる案が京都市東部土木事務所から出されました。生水が湧きだす様子を観察でき、保育園児など小さな子どもも安全に水遊びできる空間を作ろうというのです。ただ、水路の幅だけでは親水空間が作れないので、隣接地の所有者である椥辻保育園の理事長（当時）が用地を寄付し、生水の南側に階段状のアクセススペースが作られました。

また、生水から延びる水路は、二〇メートルぐらい東でほぼ直角に南へ曲がり、そこは少し水深を深くしてあって鯉など少し大きな魚が泳いでいます。

この親水空間が完成したあと、山科経済同友会の取り組みとして名称の公募が行われ、二三四名の応募のなかから「ゆうなぎの水」が選ばれて石碑が設置されました。

この生水の少し北には、農家が野菜を出荷前に洗う共同洗い場がありました。元々は自然の生水を使っていたのですが、ポンプの井戸と上屋《うわや》が設置され、屋内で水洗い作業ができるようにされたのです。この施設も今は稼働していませんが、生水が盛んに利用されていた頃の遺構であり、ゆうなぎの水と合わせ、この付近の町歩きのテーマ・「きれいで豊かな水」の見学スポットになっています。

ゆうなぎの水　西側から。覆ってあるネットは、魚を食べにくる鳥よけ

底に敷かれた小石の間から生水が湧く様

ゆうなぎの水南側に設置された石碑

野菜共同洗い場（休止中）

この町歩きですが、山科では子どもたちを対象に、「町たんけんチーム」という取り組みが行われています。これは「NPO法人山科醍醐子どものひろば」という団体[97]が主催しているもので、「町たんけん」は二〇〇二（平成十四）年に第一回が行われ、以後毎年十回ていど山科のいろんなところを探検して歩くフィールドワークが続けられています[98]。

ゆうなぎの水、芹《せり》田、野菜共同洗い場など椥辻一帯の水をテーマとする町たんけんのフィールドワークが最初に行われたのは、二〇一〇（平成二十二）年二月十四日のことだったようです。この間ずっと町たんけんを主宰されてきた朱まり子さんのブログ[99]によると、この日は生憎の雨でしたが、芹を栽培しておられる農家の方から、芹は暖かい水を好むので、特に春先には暖かい生水が芹栽培に適していること、この付近にいる小サギなどの野鳥は生水が暖かいことを知っていて、よく芹田に羽を休めにくることなどのお話を聞き、収穫した芹を洗う小屋のなかもみせてもらいました。後日のブログによると、何日か後芹農家にお礼に行ったところ、子どもたちが帰ったすぐ後に小サギがやってきたそうで、「子どもたちに見せてやりたかった」と残念がっておられた、とのことです。この見学は、実は大変貴重な機会でした。というのは、このあと椥辻付近での芹栽培は行われなくなったからです。見学した芹田は、最後に残っていたものだったのです。

山科の「町たんけん」

「町たんけん」の取り組みは、二〇一二（平成二十四）年度博報賞（日本文化理解教育部門）を受賞しました。

この受賞に際してのコメント[100]を以下に引用します。

私たちのフィールド「山科」は、京都市街から東山を越えた所の小さな盆地。東にある牛尾山を越えると琵琶湖に出る。二万年前から人が住み、平安時代には条里制の敷かれた村で、現在も多様な文化財や遺跡、清水焼、仏具、金属箔粉等の産業や豊かな自然に恵まれ、人口は十三万六千人である。しかし「京都」に目が行き、殆どの住民は「山科」のことを知ろうとしない。

そこで二〇〇二年から、地域の人たちと手をつなぎ、支えられ、「この町、大好き!」と思う子どもで溢れる町にしたいとの願いで、毎年一〇～四〇人程の異年齢の子どもたちと、活動を続けてきた。この一〇年間で「だいすき！山科ガイドブック」「たいけん　はっけん　町たんけん」の冊子八種類四万冊、「山科かるた」(子どもの絵や言葉が絵札・読み札に生かされ、地域の宝を網羅したもの)一五〇〇箱を地域の小学校・児童館・幼稚園・保育園などに持参し、子どもたちにプレゼントした。常に地域の子ども全体を見据えた活動を続けた結果、子どもを受け入れる企業や寺院などが増え、大人同士のつながりも深まり、地域に輪ができた。

地域の宝物(史跡だけでなく自然や産業)は、子どもには理解し難い。しかし「すごいやん！」「大事にしなあかんなぁ」と言うことばが自然に発せられる場を創ることこそが、この活動のねらいである。例えば、醍醐寺の五重塔は、国宝だから美しいのでは無く、その姿に魅せられ、子どもたちは、寒さ・暑さの中、懸命にスケッチする。五重塔がそうさせるのだ。また、東海道新幹線に架かる陸橋に登った折、ビューンと走る新幹線に目を奪われていた子どもの一人が、「なぁ……ぐるんとまわると、まわり全部が山やで。お皿みたいなところやなぁ」と、陸橋の上で言った。山科盆地の、彼なりの発見である。私たちの目指しているのは、実感に基づく発見。自分で獲得する、このような小さな成果の積み重ねを大切に、地域の宝物と子どもとの橋渡しをしている。

今後も地域に根付いた活動を続けていきたい。

上のコメントに記されている「山科かるた」は、山科の良さに気付くことができる四十五ヶ所を選んで、ほとんどの絵札や読み札の文を子どもたちが作成したものです。さらに二〇一四（平成二十六）年には山科かるたのスポットを山科地図の上に並べた「山科かるた双六《すごろく》」も完成しました。私は朱さんにお願いして、そのお披露目会を見学させてもらいました。この日午前中子どもたちは中臣遺跡を見学しました。双六のお披露目会は午後からでしたが、その前に中臣遺跡の見学を案内した歴史研究者のNさん（Nさんも町たんけんチームの大人スタッフ）がスライドを使って中臣遺跡についての話をされました。この話でNさんは、「山科の独自性」を強調されていました。例えば、旧石器の出土地は京都の他地域にもあるが、人々の生活痕跡（住居址）と旧石器がセットで見

スライドを使っての中臣遺跡の解説

「山科かるた」とり

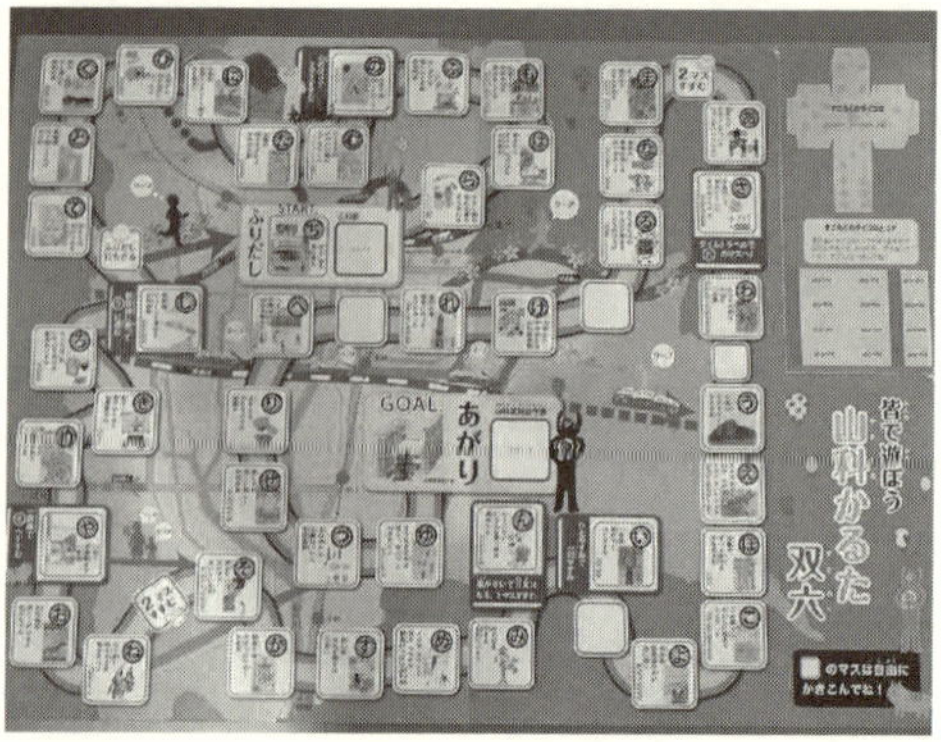

山科かるた双六

山科かるたの紹介チラシ　2015年

つかっているのは中臣遺跡だけ、とか、「山科の西にある山がなぜ『東山』と呼ばれているのか」などの例を出して、「山科は京都とは違う」ということを何度も話されていました。

続いて「山科かるた」とり会に移りました。私も一チームに参加させてもらいましたが、子どもたちには全然かなわず、わずか二枚しか取れませんでした。私が取った二枚の札は、お（「大石神社ポニーがいるよ花子ちゃん」）と、り（「涼をとる色とりどりの京扇子」）でした。そして次に行われた今日のメインである山科かるた双六にも、子どもたち三人のチームに加わらせてもらいましたが、これもまったくダメで、二度とも最下位におわりました。

このお披露目会に参加して思ったのは、山科での町たんけんの取り組みは、十年以上の蓄積に立ってかなり内容が精選されてきていること、また「かるた」から「双六」への展開にみられるように、まだまだ新しい場面に向かって進化を遂げようとしていること、そしてこの取り組みを楽しんでいるのは、子どもたちもですが、大人たちも、ではないかということでした。そうでないと、このようなボランタリーな活動が十年以上も続くというのは考えにくいと思うのです。

それと、もう一つ私が知りたいと思ったのは、楽しみながらにしても、大人たちがこの活動を継続する原動力はどこから出ているのかということです。これは「町たんけんチーム」だけではなく、「山科が好き」という他の活動にも通じることだと思うのですが。

このことに関して、朱さんからは次のような答えをもらいました。

京都の掃き溜め？

朱さんは、「なぜ山科では、『山科が好きで、その良さを共有したい』という活動が盛んなのでしょうか？」という私の問いに、大要次のように答えてくださいました。

それは、山科が貧しく、京都の掃き溜めのような部分を背負ってきたからだと思います。今も刑務所がありますし、し尿処理も山科が担ってきたと聞いています。その延長というか、エコランド音羽の杜も大きな反対があったにもかかわらず建設されました。外から山科を見る眼も、山科に引っ越した人が「なんで山科？」と言われるような地域です。でも、住んでみると山科はとても素敵なところです。その実感と、外からの山科の見られ方とのギャップを埋め、山科が愛着を持って生活できる地域であることを知らせたい、「山科だいすき！」と自分から言える子どもを育てたいからではないでしょうか？

朱さんは「京都の掃き溜めとしての山科」という位置づけの事例として、「し尿処理」と「エコランド音羽の杜」を挙げられましたが、これは京都から出る廃棄物を山科が引き受けてきたということだと思います。「し尿処理」については、山科に限らず、京都周縁部の近郊農村（岩倉、上賀茂、久世など）が肥料として引き受けてきた歴史があります。(10) エコランド音羽の杜というのは、現在稼働中の京都市ゴミ最終処分場のことで、清掃工場から出る焼却後の灰を投棄する施設です。私は朱さんに指摘されるまで知りませんでした。私だけではなく、京都の街中に住んでいる人で、「エコランド音羽の杜」のことを知っている人は少ないと思います。自分たちが出すゴミの最終的な行き場であるにもかかわらず……。

十四　エコランド音羽の杜

そこで、遅ればせながら、エコランド音羽の杜を見に行くことにしました。冬にしては暖かい日差しが時折指す日、私は二人の友人と地下鉄小野駅で待ち合わせて現地に向かいました。三人で行ったのは、この施設は個人での見学はできないからです。小野駅から東へ、徒歩で二十分ぐらいのところにエコランド音羽の杜の管理事務所があり、そこにはこの施設についての展示スペースもあります。管理事務所の次長さんが私たちを案内してくださり、質問にも丁寧に答えていただきました。この方はエコランド事業の初期からかかわってこられた技術系の職員で、専門的な知識も豊富なので大変勉強させてもらいました。見学記を書く前に、エコランド音羽の杜建設に至る京都市におけるゴミ処理行政の歴史を概観しておきたいと思います。

都市・京都のゴミ問題

京都のような昔からの都市は、早くから生活廃棄物の問題を抱えていたと思いますが、今と違って排出量が桁違いに少なかった上、し尿については先に見たように近郊農村が肥料として引き受けてきましたから、問題が深刻化することはありませんでした。ゴミについても現在のようにプラスチック類がなく、大半が有機物なので穴を掘って埋めると土に還るし、木切れなど可燃物は燃料として使うか、不要物は裏庭や空き地などで時々焼却すればよかったのです。遺跡などの発掘現場で、近世の地層からは井戸跡と並んで「土壙（坑）」というのがしばしば検出されますが、その多くはゴミ捨て穴跡で、そこには陶器片や金属類などの不燃物が残っていて時代考証の参考になったりします。要するに、近世初め頃まで生活ゴミは基本的にその生活圏で処分されていたのです。しかし、しだいにそう簡単にはいかなくなってきました。

以下、山崎達雄著『洛中塵捨場今昔』（臨川選書一九　一九九〇年）に拠って、近世以降のゴミ問題の推移をみていきたいと思います。京都市街地での人口増が進むと、まず問題になったのは河川へのゴミ投棄でした。鴨川・高瀬川・西洞院川・堀川など市街地を流れる川にゴミを捨てる人が多く、川がゴミだらけになって水運や下流での農業用水取水に支障が出たり、出水時にゴミが橋桁などに堰上《せきあ》げられて洪水の原因になるなどの問題が起こりました。このため京都奉行所は何度も川にゴミを捨てるなという制札を立てています。しかしその効果はあまりなかったので、一六九五（元禄八）年九月に至って市内七か所に塵捨場を設置し、そこにゴミを捨てるよう市中に命じました。その七か所とは、一、室町頂小山明地　二、今出川口川東長徳寺北川端　三、二条口川東頂妙寺北川端　四、七条出屋敷木津屋橋少将藪内　五、七条出屋敷木津屋橋西祐光寺藪内　六、三条通西土手東際　七、聚楽天秤《じゅらくてんびん》堀の西新町の東裏、です。これらの位置は、大半が周辺部（鴨川の東や御土居際など）ですが、注目されるのは七の聚楽天秤堀跡です。天秤堀というのは、豊臣秀吉が関白公邸として築いた聚楽第の南に東西方向に掘られていた濠で、[102]形状が天秤棒のように直線的だったのがその名の由来と思われます。この濠は聚楽第が完成後十年も経たない一五九五（文禄四）年に、秀次事件[103]のため徹底的に破壊された後も部分的に水を湛えた状態で残っていたらしく、[104]そこがゴミ捨て場に指定されたのです。したがって、ここだけは周辺部というより洛中に近いところでした。天秤堀ゴミ捨て場は、一七一二（正徳二）年に鰐屋太兵衛という人が跡地に住宅を建てたいと奉行所に申請し、許可されています。つまり、ゴミ捨て場に指定されてから十七年後には埋立てが終了し、その上に家が建てられるほど地盤も固まっていたということです。おそらく市街地内部でのゴミ捨て場はここが最後で、以後は周辺部が引き受けるようになっていったのです。

明治以後、京都で日本最初にごみの定期的収集やゴミの再資源化が取り組まれたことはあまり知られていません。京都府は一八七五（明治八）年「化芥所塵芥分析規則《かあくしょじんかい》」を定め、舎密局《せいみ》の下に化芥所を設け、ゴミの収集・再資源化に取り組み始めました。定期的なゴミ収集も開始されましたが、臨時にゴミ収集をしてほしい場合は小学校（明治二年創立の番組小学校）に申し込めば化芥所から運搬車が差し向けられる仕組みになっていました。京都の番組小学校は、子どもたちの教育機関であるだけではなく、地域コミュニティのセンターであり行政サービスの末端としての役割も持っていたのですが、ゴミ収集の窓口という役割も果たしていたのでした。収集されたゴミは細かく分別され、化芥所によって再資源化が図られていました。例えば紙屑や綿布は、梅津村の桂川畔（現右京区梅津）にドイツ製の機械を設置したパピールファブリック（製紙工場）で再生紙の原料として使われていました。

最後の埋立処分地

全国的にみると、一八九九（明治三十二）年帝国議会で「汚物掃除法」が成立し、市部での「汚物」の清掃は基本的に市の責任で行い塵芥についてはなるべく焼却するように、という原則ができました。京都市では一九〇一（明治三十四）年深草村（現伏見区深草）福稲にあった京都市設ゴミ捨て場に焼却炉（民営）が設置され、ゴミ焼却の取り組みが始まりました。市内から出たゴミは疏水《そすい》運河の舟運を利用して福稲まで運ばれ、焼却後の灰は肥料として販売されました。その後焼却炉は椿寺（北野大将軍）付近、二条千本、松原千本にも設置され、一九〇九（明治四十二）年には収集ゴミ全量の八二パーセントが焼却されるまでになりました。しかし、大正期になると、ゴミ量が増加した上既設の施設が老朽化し、処理体制を見直す必要に迫られました。このため京都市では「臨時汚物処分調査会」を設置して調査・研究に取り組んだ結果、西九条森本町（現南まち美化事務所付近）に最

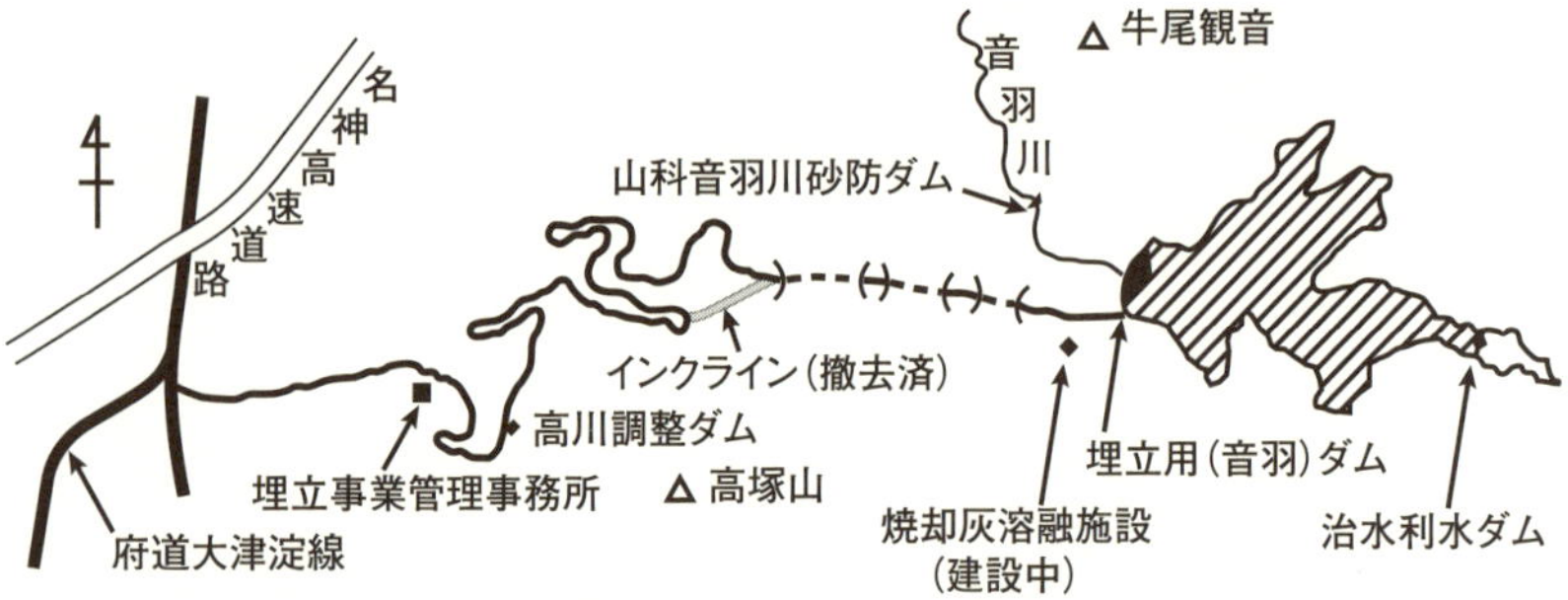

「エコランド音羽の杜」位置図 「京都市における最終処分場の経過と現状」京都市環境政策局適正処理施設部 2010 より

新鋭のゴミ焼却施設を市営で設置することとし、一九二五（大正十四）年十二月に落成・稼働しました。その後ゴミ量の増加に対応して焼却施設（清掃工場、現クリーンセンター）[105]を次々に増設し、現在に至っているのですが、新たに生じた問題は焼却後に残る灰の処理でした。明治期には灰は肥料として商品になったのですが、現在ではそうもいかず、灰の溶融などの新技術もまだ確立されていないので、「最終処分場」に埋め立てるしか方法がありません。京都市では横大路（伏見区）の南部クリーンセンター隣接地にゴミ最終処分場（水垂《みずたれ》埋立処分場）を設置し、焼却灰・土砂がれき等不燃物を埋め立ててきましたが、二〇〇〇（平成十二）年までに満杯になり、埋立てを終了しました。これに代わって「最後の埋立処分地」として設置されたのがエコランド音羽の杜なのです。

エコランド音羽の杜の供用が開始されたのは二〇〇〇年ですが、それに至るまでには様々な紆余曲折がありました。計画が発表されたのは一九七七（昭和五十二）年です。このとき、音羽川の水を下流で灌漑に使っている小山地区などで反対運動が起こったのは当然のことでした。エコランド音羽の杜は、音羽川の上流部の山間にコンクリート重力式ダム（堤高六八メートル、堤頂長一九二メートル）を造り、普通ならば水が溜まってダム湖になる部分に焼却灰を投棄・埋立てしていくのです。このため、音羽川の水がダイオキシンなど有害物質で汚染され、灌漑用水に使えなくなることが懸念されたのです。これに対し、京都市側は計画について次のように説明し、環境汚染を起こさないと地元を説得しました。一、ダム湖の埋立て地に浸透する雨水などは、音羽川には流さず別ルート（管理事務所方面への谷へ）[106]で汚水処理施設に送った上で浄化し、下水道に流す。二、音羽川の最上流部にもう一つ治水・利水ダム（堤高三五メートル、堤頂長八〇メートル、最大貯水量約一一万トン）を造り、音羽川経由農業用水の質・量を確保する。

小山地区で結成された反対同盟は、施設完成後も水質等について監視を継続することを条件に、結局計画を受け入れることになりました（現在、「小山地区監視委員会」と改称し存続）。この経緯を見ると、京都市部から反復的なトラック輸送が可能な周辺部で、今後数十年間にわたってゴミ焼却灰を埋め立てられる用地は他にはない、という事実を、結局山科の地元としては受け入れざるを得なかったということではないかと思います。

地元との協議と同様、工事に取り掛かってからも難工事が続きました。麓（管理事務所地点）からダムサイトまでは比高が約二〇〇メートル、直線距離では二キロメートルほどですが、車道が斜面を巻きながら上がるため延長五・一キロメートルものアプローチ道路が造られました。そのうちトンネルが三箇所、橋梁《きょうりょう》部分は十七か所にも及びました。この道路建設だけで十二年間もかかったのです。この間、少しでも進捗をはかるため、途中の比高差がもっとも大きい部分（一一〇メートル）で資材運搬用のインクライン（傾斜軌道）が仮設されたりもしました。結局、計画発表から二二年間の歳月と五二三億円もの建設費を使い、二〇〇〇年にオープンに漕ぎつけたのです。

エコランドが問うもの

さて、見学当日の話に戻ります。管理事務所付設の展示施設で次長さんから説明を受けた後、私たちは業務用の車に乗せてもらい処分場に向かいました。アプローチ道路の入口にはゲートがあり、灰を搬入するトラックはここで計量されるなど、車や人の出入りは厳しく管理されています。ここから中は一般の車は進入できません。[107]

ダムサイトの管理棟から見た埋立処分場全景

ダムの堤体を見下ろす

私たちの乗った車はいくつものカーブを切りながら高度を上げていき、途中からは山科の市街地が眼下に見えだしました。

十分ほど走るとダムサイトに着き、車から外に出ると空気が冷たく感じられ、微かに焦げ臭いにおいがしました。ダムサイトには管理棟があり、エレベーターで最上階に上がるとそこはガラス貼りのフロアになっていて、処分場の全景を見渡すことができます。ここからの風景は、今までに見たことがないようなものでした。かつて緑に覆われていたであろう山肌は広範囲に削られ、茶色い地肌を見せています。そして普通のダムなら青い水が湛えられている部分には、上流に向かって灰色の地面が階段状に拡がっているのです。遠景に灰の投棄作業をしているダンプカーが何台か見え、所々地面に設置された排気筒から白い気体が少し立ち上っているものもあります。

エコランド音羽の杜を見学して、大都市におけるゴミ処理がいかに大変かを少し実感することができたと思います。特に海に面していない京都は、東京や大阪のように臨海埋立地という選択肢がないので、山間部にダムを造ってそのダム湖を最終処分場にするという「奇策」をとるしかなかったことも理解できました。またその苦肉の策で設けた施設が「エコランド音羽の杜」と名付けられていることには、複雑な思いを持ちました。なぜなら、「音羽の杜」のかつての山林景観は大きく改変され、灰色の人工的な景観に変わっているからです。しかし、そのことを論難しても、ではどうすればいいのかと問われると答えに窮してしまうからでもあります。なお、この施設はできるだけ長期間使えるようにとの観点から焼却灰を溶融するプラントが敷地内に一旦完成し試運転まで行ったのですが、基準値を超えるダイオキシンが出たりして何度も手直し工事が行われたにもかかわらず安定的な稼働ができなかったため、二〇一三（平成二十五）年八月に施工業者との間の契約が解除され、[108] 現在裁判になっているとのことです。[109] こうした現状を含め、「エコランド音羽の杜」にはさまざまな問題が凝縮され、顕在化しているように思えます。

朱さんたち山科の大人が、子どもたちにエコランド音羽の杜を見学させる意図は、このような難しい問題の詳細を理解させるためでなく、「ゴミ処理がいかに大変か」「その一端を引き受けているのが、自分が生まれ育っている山科である」この二点を体感させるためではないでしょうか。本当は、京都の中心部にいる大人・子どもこそ、この光景を見て考える必要があると思うのですが。

【注】

（1）清少納言には　夜をこめて鳥のそらねをはかるとも世に逢坂の関はゆるさじ　という歌もあります。

（2）一〇五五～一一二九年。小倉百人一首には　うかりける人を初瀬のやまおろし　激しかれとは祈らぬものを　が収録されています。

（3）この縁起には文明六（一四七四）年との年代記がありますが、近世のものではないかと見られています。

（4）園城寺『寺門伝記補録　第五』（鈴木学術財団編『大日本仏教全書第八六巻　寺誌部四』一九七二年）

（5）能の主役のこと。

（6）能の脇役。

（7）能舞台の端に座す地謡方（通常八名ぐらい）によって唄われ、ストーリーの進行を担います。

(8) 一九三二～二〇〇七年。専門は歌舞伎研究。著書に『歌舞伎成立の研究』『江戸歌舞伎文化論』ほか。遺稿となった『宿神論』は二〇〇九年に岩波書店から刊行されました。
(9) 兵藤裕巳『琵琶法師』（岩波新書　二〇〇九年）
(10) 「生逆髪白癩病」（逆髪が生え、癩病）と注記されています。
(11) 観世流四世。三世音阿弥の子。一四二九～一四七〇。勧進能は鞍馬寺の造営費を集める目的で、父音阿弥とともに一四六四（寛正五）年四月京都下鴨糺《ただす》河原で三日間興業。当時の将軍・足利義政も列席するなど盛大なものでした。
(12) 『平城坊目考』巻三に掲載されている奈良豆比古神社縁起より。
(13) 世阿弥が父・観阿弥の言動を記録した内容が中心になっています。
(14) 丸木をくりぬいて造った舟。
(15) 陰暦九月十二日（現在は十月十二日）の夜、異様な装束の摩多羅神役が牛に乗って現れる奇祭。
(16) 服部幸雄『宿神論』「後戸の神」九頁。
(17) 服部幸雄『宿神論』「宿神論」八六頁。
(18) たとえば、平泉・毛越寺常行堂後戸に祀られている摩多羅神は、三十三年に一度しか開帳されない秘神像です。
(19) 第三章、一四八頁。崇道神社（上高野）参照。
(20) 道真の乳母だった、あるいは巫女だった等の伝承があります。
(21) 現在の文子天満宮の地（京都市下京区間ノ町通花屋町下る）と言われています。
(22) 徳林庵山科地蔵のほか、伏見地蔵（大善寺）、鳥羽地蔵（浄禅寺）、桂地蔵（地蔵寺）、常盤地蔵（源光寺）、鞍馬口地蔵（上善寺）の計六箇所。
(23) ささらは、竹を細かく割ったものを束ねたもので、ギザギザの刻みをつけた細い棒で擦って音を出し、伴奏としました。
(24) 前掲『琵琶法師』一六六～一六七頁。
(25) 「関清水大明神縁起」（室木弥太郎・阪口弘之編『関蝉丸神社文書』和泉書院　一九八七年）四頁。
(26) 阪口弘之「蝉丸宮と説教日暮」（塚田・吉田編『近世大坂の都市空間と社会構造』山川出版　二〇〇一年　所収）ほか。
(27) 同様の施設として「施薬院」もありました。
(28) 三・四人一組でウラジロのついた笠を被り、赤布で顔を覆って四つ竹を鳴らしながら祝言を述べる門付け芸。
(29) 正月に門口で扇で手を叩きながら祝言を述べる門付け芸。

(30) これに関係があるかどうかわかりませんが、現在の関清水蝉丸神社縁起に、「髢《かもじ》〈髪の毛のこと〉の祖神ともいわれている」(同神社ホームページより)と記されています。
(31) 歩き巫女は死者の魂を呼ぶ「口寄せ」などをしながら旅をし、売春をすることもありました。
(32) 大道で芸をしながら人を集め、薬などを販売する放浪芸能者。
(33) 服部幸雄『宿神論』一九二一頁。
(34) 釈迦が出現するまでの「過去七仏」の一つ。釈迦の直前(六番目)の仏。
(35) 東山道の宿場の一つ。現在の岐阜県大垣市北西部。
(36) 斉藤俊彦「関清水蝉丸宮と兵侍家」(『佛教大学アジア宗教文化情報研究所研究紀要1』二〇〇五年)
(37) 「関清水蝉丸宮説教音曲由緒之記」(『関蝉丸神社文書』六頁)
(38) 斉藤利彦「関清水蝉丸宮と兵侍家」七五〜七六頁。
(39) 説経者が広めた「蝉丸開眼譚」も関係があったかもしれません。
(40) 斉藤利彦「兵侍家追放と三井寺」(『佛教大学アジア宗教情報研究所研究紀要』第二号 二〇〇六年)
(41) もちろん、説経者からの灯明料などの権益を独占するという意図もあったと思われます。
(42) 五条通につながる国道一号線が開通するまでは、三条通が国道一号線でした。
(43) 大津までは主に琵琶湖の舟運が使われました。
(44) 享保二十一(一七三六)〜元文三(一七三八)木食正禅は勧進によって資金を集め、日ノ岡峠の切り下げを行いました。
(45) この地名は、木食正禅による切り下げ工事の際に出た残土を「放り投げてできた原」に由来すると言われています。
(46) ケンペル『江戸参府旅行日記』(斎藤信訳 東洋文庫三〇三 平凡社 一九七九年)三〇〇〜三〇一頁。
(47) 明治二(一八六九)年大阪、翌年京都に設置された公営研究・勧業機関。「舎密」とはオランダ語・chemie(化学)からきています。
(48) この解剖所はその後青蓮院内に設置された療病院に移管され廃止。療病院は京都府立医大の前身。
(49) 四条室町を基点に、京都市中及び近郊を艮、巽、乾、坤の四方向に区分し、荻野、五十嵐、松村の上雑色四氏および八名の下雑色が業務を分担していました。
(50) 天部村のその後の歴史については、拙稿「被差別部落と小学校─京都・東三条を中心に」(『教育実践研究第2号』大阪教育大学教職教育研究開発センター紀要 二〇〇七年)に記しています。

(51) 辻ミチ子「封建制の地固めとなる天部村―信長・秀吉・家康に見込まれて―」(『二〇〇八年度部落史連続講座講演録』京都部落問題研究資料センター　二〇〇九年)一〇頁。
(52) 同前講演録、一〇頁。
(53) 天明七(一七八七)年刊。巻之二　左青龍首。
(54) 一九九五年、第七十四次調査に際し、竪穴式住居跡から約二万年前のものと思われるナイフ型石器が発見されました。
(55) 京都市編『史料京都の歴史十一　山科区』(平凡社　一九八八年)二五頁。
(56) 鏡山次郎「山科歴史の散歩道―中臣遺跡を歩く―」http://homepage2.nifty.com/jiro/kagamiyama/sanpo/sanponakatomi.html
(57) 比叡山東麓、琵琶湖の港で、北国方面から舟運で運ばれてきた物資が陸揚げされ、ここからは馬車などで陸路京都へ運ばれました。
(58) このときは幕府からは徳政令(借金等の帳消し令)は出されなかったので、「私徳政」で終わりました。
(59) 大乗院第二十代門跡。父は一条兼良。一四三八年から七十年間大乗院に在院。
(60) この頃から、農民層のなかから「地侍」と呼ばれる武装勢力が分化し、彼らが一揆勢を指揮していました。
(61) 田端泰子「中世山科の郷民と領主」(山科本願寺・寺内町研究会『本願寺と山科二千年』法藏館　二〇〇三年)五九頁。
(62) 常時帯刀している者と、御所などに勤仕する時だけで普段は非帯刀の者とに分かれていました。前者は二十家余だけでした。
(63) 京都市編『史料京都の歴史十一　山科区』山科区関係文書目録・解説、一七頁。
(64) 同前。六五四〜六五五頁。
(65) 古墳時代の方墳が十七基ほど散在しています。
(66) 「清水寺縁起」に記載された太政官符に、田村麻呂の墓は「山城国宇治郡七条咋田西里栗栖村」と書かれており、ここは現在の西野山岩ヶ谷町(木棺が発見された地)にあたる、という研究。
(67) 京都市編『史料京都の歴史十一　山科区』六三四頁。
(68) 同前。六三六頁。
(69) 辻ミチ子「花山の清目をルーツにもつ近世の川田村―村の三役揃い踏み―」(『二〇一三年度部落史連続講座講演録』京都部落問題研究資料センター　二〇一四年)

(70) 六条村とならび、京都および畿内の「穢多頭村」の地位にあった村。
(71) 京都市編『史料京都の歴史十一　山科区』四七四頁。
(72) 京都橘女子大学・山科民俗調査会「山科の地域景観と民俗の変容」（山科本願寺・寺内町研究会編『本願寺と山科二千年』）一九八頁。
(73) 鏡山次郎『音羽・大塚・音羽川二千年の歩み』（つむぎ出版　二〇〇九年）一四七〜一五〇頁。
(74) 一八三九〜一九一〇。四条堀川西の薬種商の子、医師。京都舎密局設立の中心となり、そこで学んだ島津源蔵はのち島津製作所を設立しました。
(75) 一八二八〜一八九二。会津藩の砲術家出身。京都府顧問として数々の近代化政策に取り組む。新島襄夫人・八重の兄。
(76) 京都橘女子大学・山科民俗調査会「山科の地域景観と民俗の変容」（『本願寺と山科二千年』二〇〇三年所収）二〇〇頁。
(77) 「京都日出新聞」記事（京都市電気局『琵琶湖疏水及水力使用事業』一九四〇年）九五六〜九五七頁。
(78) 西郷菊次郎京都市長（第二代）の主導により、「三大事業」（第二疏水建設・水道事業・市電開通及び中心部幹線道路の拡幅）の一つとして取り組まれました。
(79) 蹴上船溜から南禅寺船溜まで、船を台車に乗せて落差三十六メートルを五八一・八メートルの傾斜軌道で運びました。現在も形態保存されています。
(80) 更新世（洪積世）の平野がのちに隆起したもの。山科では栗栖野などがこれにあたり、沖積平野（現在の川が作った平野）部に比べると開発は遅れました。
(81) 文政七年三月に音羽村から出された「飢人老若仕分帳」によれば、村人三百三十人全員が「飢人」になっていると記されています。（京都市編『史料京都の歴史一一山科区』三七四頁）
(82) 京都新聞社編『琵琶湖疏水の一〇〇年　資料編』（京都市水道局　一九九〇年）一八頁。
(83) この年（一八八九年）の四月一日から京都市が発足しました。
(84) 京都新聞社編『琵琶湖疏水の一〇〇年　叙述編』（京都市水道局　一九九〇年）一九六頁。
(85) 山科の郷士出身ですが、明治維新後比留田権藤太らの関東移住には参加せず、山科に残って再建に取り組みました。
(86) 疏水と交差する川については流路変更工事が行われ、疏水の下をサイフォンで通過させるなどの処置がされました。
(87) その後さらに増加し、昭和六年には十三箇所になりました（『琵琶湖疏水の一〇〇年叙述編』三六七頁）。
(88) この用水路は順次延長され、第二次大戦前後にかけて盆地南部の小野・醍醐方面にまで至りました。

(89) 一九七〇（昭和四十五）年には新山科浄水場が完成し、現在では山科以外にも給水する京都市最大の処理能力を持つ浄水場になっています。
(90) 二〇一四年八月一日現在で、一三万四六九一人になっています。
(91) 例えば、琵琶湖疏水開通後疏水の水を利用した繊維工業が山科に立地し、住込み女工等により人口が増加した時期もあります。
(92) さらに一九五三（昭和二十八）年「京阪山科駅」に改称されました。
(93) 京都橘女子大学・山科民俗調査会「山科の地域景観と民俗の変容」（山科本願寺・寺内町研究会『本願寺と山科二千年』）二〇五頁。
(94) 二〇〇四年に六地蔵まで延伸されました。
(95) 山科本願寺・寺内町研究会『本願寺と山科二千年』所収。
(96) 同前。二一〇頁。
(97) 一九九九年十二月にＮＰＯ法人化。それ以前は「山科醍醐親と子の劇場」と称し生の舞台鑑賞を中心に活動していました。
(98) 現在は、山科の全小学校に案内を出して応募者を募り、定員一五名でメンバーを固定して年間の活動を行っています。
(99) http://blog.canpan.info/0622/profile
(100) http://www.hakuhodo.co.jp/foundation/prize/prize_info.php?prize_id=116248
(101) 昭和初期に、日本最初のし尿処理施設（十条処分場）が造られたのは、現在の南区吉祥院（現鳥羽水環境保全センター吉祥院支所付近）でした。
(102) 聚楽第用地が北から南へ緩やかに傾斜しているため、外濠・内濠に湛えられた水の調整池の役割をしていたと思われます。
(103) 秀吉が関白職を譲った甥の豊臣秀次に謀反の疑いがあるとして、高野山に追放され切腹した事件。
(104) 詳しくは、中西宏次『聚楽第・梅雨の井物語』（阿吽社　一九九九年）七二頁ほかを参照してください。
(105) 現在、北部クリーンセンター（右京区梅ケ畑）、南部クリーンセンター（伏見区横大路）、東北部クリーンセンター（左京区静市）の三箇所が稼働しています。
(106) 音羽川はダムサイト下流で大きく向きを変え、北流しますが、ダムサイトから小さな鞍部を越えて西流する谷があり、その下流に管理事務所があります。

(107)時々山歩きのハイカーが迷い込むことがあるそうです。

(108)「焼却灰溶融施設整備工事の契約解除について」京都市環境政策局　平成二十五年八月。

(109)二〇一六年五月二十七日、京都地方裁判所での第一審判決で、京都市の施工業者への損害賠償請求などが退けられました。

第三章　長坂

千束の地蔵尊

堂ノ庭城跡
船山
317
京見峠
鷹ヶ峰長坂
釈迦谷山
291
紙屋川
加茂川
沢山
516
狭義の長坂
常照寺
千束
光悦寺
御土居長坂口跡
北山通
原谷
231
大文字山
左大文字
大
佛教大学
大徳寺
北大路通
ツラッティ千本
船岡山
111
船岡山城跡
鹿苑寺
衣笠山
龍安寺
500m
162
西大路通
上品蓮台寺
引接寺
千本通
堀川通
立命館大学
北野天満宮

【長坂付近略地図】

一　長坂街道を歩く

千本北大路から北へ

千本北大路交差点は、京都市街地北部では通行量の多い交差点の一つです。ひっきりなしに車が行き交うこの交差点を北へ向かって歩いてみましょう。交差点の北西角のビルの壁面には、「ツラッティ」との表示があります。ツラッティ？

フルネームは「ツラッティ千本」というこの施設[1]に行くには、交差点を西へ少し歩き、北へ入る小道を通って回り道しなければなりません。私たちも、ツラッティ千本には、歴史を辿る旅で相当回り道したあとで訪問したいと思います。

道はほぼ真っ直ぐに北に向かっています。左（西）側には、しばらくの間楽只《らくし》市営住宅の鉄筋中層住宅群が続きます。それを過ぎると佛教大学のキャンパスが見えてきます。ここではいま五千人以上の学生が学んでいるので、行き交う学生たちの姿も多く見られます。

佛教大学前を過ぎると、道は東へ向かう北山通と、北へ向かう鷹峰街道（長坂街道の一部）に分岐します。鷹峰街道の方に進んでみましょう。道幅は狭くなり、道路の両側には、歴史を感じさせる民家や商家の建物が見られます。

この道が人や物の動きが盛んだった頃の名残りです。

御土居長坂口から千束へ

しばらく行くと、右手に「御土居餅《おどいもち》」の看板を掲げた和菓子屋さんがあります。この付近が、豊臣秀吉政権が築いた御土居の「長坂口」跡にあたります（御土居については後で詳しく述べます）。

和菓子屋さんの向かい側の空地は、京都市が管理する史跡指定地で、西行してきた御土居(2)はここでほぼ直角に南に折れ、紙屋川の谷の左岸を堤防状(3)に南下していきます。

長坂口から北は、近世までは洛外でした。街道はまだしばらく北行したあと、源光庵前の鷹峰交差点で東西道路に行き当たり、T字路になっています。ここを左折して西へ向かうと、本阿弥光悦の墓所がある光悦寺の門前に出ます。光悦寺門前を過ぎ、しばらく行くとまた三叉路があり、そこから北へ向かう車道が府道三一号西陣杉坂線です。三叉路から西へ行く道は、この少し先からカーブしながら急激に高度を下げていきます(4)。初めて車で通る人は、道幅も狭いうえ大丈夫かと躊躇《ちゅうちょ》するほどの急坂です。

鷹峰街道沿いの街並み①

鷹峰街道沿いの街並み②

この急坂は結構起源が古く、先ほど北へ分かれた府道三一号よりはるかに前からあった坂道です。京都方面から見ると、このあと千束《せんぞく》から上りにかかる（狭義の）長坂の少し手前にある急な下り坂として人々に認識されていたと思います。千束は、古いたたずまいを残す小集落で、光悦寺前あたりに比べると、鄙《ひな》という感じが急に強まります。

京見峠・杉坂へ

千束集落からさらに北へ、登りにかかる道が狭義の長坂の入口になります。ここから一・五キロメートルほどの急坂が、近世に長坂と呼ばれていた坂です。この坂を登って行くと、先に分かれた府道三一号と合流します。そこをもう少し上がったところが京見峠で、少し前まで旅人が一息つくための茶店が営業していました。

北から京都を目指してきた旅人は、このあたりまで来ると木々の間から京都の街が遠望でき、あと少しとホッと一息ついたことでしょう。また京見峠付近は、戦乱の時代には京都攻防の戦略上重要な地点でした。京見峠の北東に堂《ど》ノ庭《にわ》城跡が残っていますが、おそらく中世末に築かれた山城で、ここは北から京都を攻略しようとする軍勢の最後の前進基地になったこともあるし、京都を守る軍が先手をとってここに軍を配置し、防衛線を張った

御土居長坂口跡付近

鷹峰台地から千束へ下りる坂（車道）

千束の坂（古道）

こともあります。堂ノ庭城跡から北東へ向かうと、昔夏場に禁裏に氷を搬入していた氷室《ひむろ》があった氷室集落に至ります。

京見峠から長坂街道（長坂から北へ続く街道）をさらに北行すると杉坂集落があります。集落に出る前に、道の西側に道風《とうふう》神社が鎮座しています。ここは書家として有名な小野道風《おののみちかぜ》を祭神とする神社で、境内は結構広いのですが、普段は人気がなく静かです。

さて、なぜ杉坂に小野道風を祭神とする神社があるのでしょうか？

社伝によると、道風はこの社の境内から湧く霊水で墨をすり、書道に邁進して「三跡」[5]の一人に数えられるようになったということですが、祭神とされる理由としては少し物足りません。この謎を解くには、杉坂が属する

千束集落から見た旧長坂道

京見峠茶屋（現在は休業）

杉坂道風神社

小野郷の歴史を学ぶ必要があると思います。

二　境界貴族・小野氏

本拠地と三つの領地

小野氏といえば、第一章・清水坂でみた珍皇寺に伝わる小野　篁《おののたかむら》伝説を思い出します。小野道風は篁の孫にあたり、今の愛知県春日井市の出身と伝えられています。(6) 小野氏は古代豪族・和邇《わに》氏と同祖といわれ、有名人では道風の他に遣隋使・小野妹子《おののいもこ》、絶世の美女といわれた小野小町《おののこまち》らがいます。小野小町も篁の孫と伝えられるので、道風と小町はきょうだいか、それに近い縁者ということになりますが、小町の出自などが詳しくは分かっていないのではっきりしません。

小野氏の本拠地としては現在の滋賀県大津市小野が有名で、近くには和邇という地名も残っています。ここには小野神社があり、祭神は小野篁で、近くには小野道風神社もあります。これらの神社は中世に近江を支配した六角（佐々木）氏が十四世紀に建立したと伝えられますが、古代に小野氏がこの付近に勢力を持っていたことは間違いありません。

京都の近くには、三ヶ所小野氏の領地だったという土地があります。まず洛東山科《やましな》の小野。ここには門跡寺院だった隋心院（天台宗）があり、小野小町がここで過ごしたことがあると伝えられています。深草　少将《ふかくさのしょうしょう》が小町恋しさに九十九夜通ったという逸話（「百夜《ももよ》通い」―世阿弥による創作）もここを舞台としたものです。次に愛宕郡小野郷（現京都市左京区）。高野川を松ヶ崎から少し遡った現在の上高野一帯で、上高野小野町という地名も残っています。ここにも小野神社があり、背後の山中には小野毛人《おののえみし》――妹子の子――の墓があります。この墓からは江戸時代初めの一六一三（慶長十八）年に毛人の墓碑銘(7)が出土しました。柴刈りに来た小野の村人が古墳を発見したのです。墓碑銘は後に国宝に指定されています。上高野小野神社は一九一五（大正四）年、近くにあった出雲高野神社・伊多太《いたた》神社とともに崇道《すどう》神社に合祀《ごうし》されました(8)。

崇道神社の長い参道（上高野）

崇道神社境内にある小野神社

崇道神社東北の山中にある小野毛人の墓所（顕彰碑）

早良親王と惟喬親王

その崇道神社の祭神は早良《さわら》親王です。早良親王は光仁《こうにん》天皇の子（桓武《かんむ》天皇の同母弟）ですが、長岡京の造営長官であった藤原種継《たねつぐ》が暗殺された際嫌疑をかけられ、それを恨んで絶食死した人物で、その後怨霊として数々の災厄をもたらしたといわれます。それを恐れて崇道天皇と追称され、後の菅原道真と同じように御霊神《ごりょうしん》として祀られました。崇道神社はその崇道天皇のみを祭神とする神社です。上高野に鎮座したのはそこが平安京の東北――裏鬼門にあたるためと言われています。

そして三番目が葛野《かどの》郡小野郷――長坂街道に沿う小野郷です。このように見てくると、小野氏にまつわる伝承が伝わる三ヶ所は、いずれも京都の周縁部であることに気付きます。これは偶然なのでしょうか？

この謎について考えるもう一つの手掛かりが、上高野にあります。上高野小野には、もう一人の不遇な人物にまつわる伝承があるのです。その人物とは惟喬親王《これたか》です。惟喬親王は文徳《もんとく》天皇の第一皇子ですが、第四皇子の惟《これ》仁《ひと》親王（後の清和《せいわ》天皇）の母が権力者藤原良房の娘だったことから立太子できず、大宰帥《だざいのそち》などを歴任したあと二十八歳の若さで出家してしまいました。そして隠棲したのが上高野小野の地だったので、「小野宮」とも呼ばれていました。親王と親しかったという在原業平《ありわらのなりひら》による『伊勢物語』には、雪のなか比叡山麓の小野の地に親王を訪ねる話（八十三段）が出てきます。

惟喬親王にはまた、碗《わん》など木工製品をつくる木地師《きじし》の祖だという伝承もあります。彼は失意のうちに東近江に移り、そこの山中で木工轆轤《ろくろ》の技術を編み出して人々に教え、木地師の元祖となったというのです。東近江市・旧永源寺町の君ケ畑というところに木地師の里(9)があり、そこにある大皇器地祖《おおきみきじそ》神社には惟喬親王が祀《まつ》られています。

小野氏と歩き巫女

さらに、これらの伝承を繋ぐ存在として「歩き巫女《みこ》」のことも見ておかなければなりません。話は少し複雑になるのですが、朝廷で歴史を口承してきた猿女君《さるめのきみ》(10)の職能を、よく言えば受け継ぎ、悪く言えば横取りしたのが和邇・小野氏だったのです。「歴史」とは、今では書かれたものですが、昔は（特に「記紀」成立以前は）語られるものでした。猿女君は歴史の語り部を職能としていました。

猿女氏は後に本拠地を大和の稗田《ひえだ》に移し、そこから出た稗田阿礼《ひえだのあれ》が記紀の成立に重要な役割を果たしたというのはよく知られています。猿女氏には政治力があまりなかったので、そこをついて和邇・小野氏がその職能を奪ったというのです。しかし平安時代以降になると書かれた歴史が主流となり、猿女の公的機能は形骸化したため、代わりに猿女の流れを引き継ぐと称し小野氏を名乗る女性たちが「歩き巫女」として各地を遍歴し、「口寄せ」――死者の魂を呼ぶ――や各種の呪術・芸能などを行うようになりました。漂泊の女性たちです。[11]彼女らは文化の伝達者であり、行く先々で説話を語りました。自らを小野氏の出と名乗るのですから、小野小町、小野篁、小野道風らは格好の題材になったでしょうし、「小野宮」こと惟喬親王も悲劇の主人公として語られたことでしょう。東近江の木地師村にもこの話は伝わり、そこでいつの頃からか惟喬親王がこの地にまで至り木工轆轤の技術を伝えたという伝承ができたのではないかと推測されます。木地師は元々良材を求めて山中を移動する非定住民なので、定住の農民からは差別的な眼差しを向けられる存在[12]でした。第一章でみた犬神人《いぬじにん》や、第二章でみた琵琶《びわ》法師が皇室との関係を強調したように、木地師たちも惟喬親王を木地師の祖とすることにより、被差別の位相を逆転しようとしたのではないでしょうか。

このように見ると、京都の周縁に小野篁や道風、小野小町ら小野氏一族の伝承が残されている理由が何となく見えてくるような気がします。元来の小野氏勢力圏は勿論、それ以外でも現世と霊界、都の周縁などに小野一族の伝承が残っているのは、歩き巫女などが伝えた小野氏にまつわる説話が境界でこそ最も受け入れられ、その地の伝承として定着したからではないでしょうか。

小野山供御人

杉坂から北の小野郷で、平安時代以後活躍したのが小野（山）供御人《くごにん》です。供御人とは朝廷に食材や物資を供給する役割を担った人たちで、小野山供御人の場合は続松《ついまつ》（たいまつ）、木炭、木材などを朝廷に納入していました。彼らは北山および丹波一帯の山からこれらの物資を集め、長坂街道を通って都に搬入していたのです。この仕事はいわば公役であり、商売ではありません。しかし中世末になると、商工業の発達に伴い供御人も商売をするようになりました。当初は夜陰に紛れて材木の取引をするなど、公然とではありませんでしたが、次第に林産物だけではなく、丹波・若狭方面からの物資を賃料を取って運ぶなど、物流全般に進出するようになっていきました。[13]

一四四九（文安六）年四月、京都を大地震が襲ったとき、長坂街道沿いの山が崩壊して荷負い馬の多くが斃死《へいし》し、人も土石に巻き込まれて死者多数が出たという記録[14]が残っています。これは天災の記録ですが、当時（十五世紀なかば）長坂街道を荷負い馬が多く行きかっていたことを傍証する史料でもあります。

この間、何時かは特定できませんが、長坂街道のルートが大きく変えられました。従前は京見峠から一気に紙屋川の谷に下り、そのまま谷筋を通って京都に入っていたのですが、千束から鷹ヶ峰台地へ急坂で登り、台地上の稜線を南下して船岡山付近に出るルート＝現在の長坂街道が新設されたのです。この頃までに鷹ヶ峰台地の開発が進んだことにより、洪水などの影響をうけやすい谷沿いのルートより、高燥かつ安定している台地上のルートに変えられたのでしょう。これ以後新しい長坂街道＝鷹ヶ峰台地上の新道沿いに集落が形成され、丹波方面からの物産が取引される問屋が建ち並ぶようになりました。その代表的なものは紺灰《こんばい》です。紺灰とは藍染の触媒に使う灰のことで、これを用いれば藍染の色調を多様に表現できるのです。灰は丹波山地や北山の特産物で、長坂街道をここまで運ばれ取引されました。灰問屋は座（長坂口紺灰座）を形成し、一五一七（永正十四）年には他の商人を排除するなどの規定が定められました。この座の中心だった佐野氏（屋号「灰屋」）は、特権商人として財をなし、京都の有力商人として栄えました。後に鷹ヶ峰に「光悦芸術村」がつくられたとき、光悦の甥の子・紹益《じょうえき》が灰屋の養子になり（佐野紹益）その住人になっています。

三　戦国、近世初めの長坂

船岡山の攻防

長坂街道は、中世～戦国期には京都攻防の重要ルートでもありました。京都で敗れた者は長坂街道を北へ落ちて行きましたし、丹波方面から京都を窺う軍勢は堂ノ庭城が関門でした。先にも触れましたが堂ノ庭城は長坂街道の京見峠の東にあった山城で、ここからは京都の街が一望でき、かつ長坂街道の喉元をおさえる要害の地です。ここを押さえた京攻めの軍が、次の攻略目標にしたのは船岡山城です。船岡山は平安京造営に際して北の基点になったといわれる独立峰（標高一一二メートル）で、穏やかな山容ですが、ここでは戦国期を中心に何度も激戦が繰り返されました。まず、一四六七（応仁元）年、応仁の乱が始まると西軍の大内勢が船岡山に陣を張り、これを東軍の細川勢が攻撃しています。続いて一五一一（永正八）年に、足利義澄《よしずみ》・細川澄元《すみもと》派と、足利義稙《よしたね》・細川高国《たかくに》・大内義興《よしおき》連合との間で、政権をめぐる攻防戦が船岡山城で繰り広げられました。この時政権の座にあったのは義稙派ですが、義澄・澄元派の勢力が急伸したため、義稙側は一旦丹波に逃れて体制を立て直し、堂ノ庭城に進出して船岡山城を窺いました。このとき船岡山城には細川澄元勢の細川政賢《まさかた》が陣を敷いていました。義稙・高国・義興勢は今宮神社の森方面と船岡城方面の二手に分かれて猛攻を開始し、船岡山城には義興の部下・陶《すえ》義房軍を先頭に攻め込みました。政賢軍も奮戦しましたが、遂に城を破られ多数の戦死者を残して敗走したのです（船岡山合戦）。現在船岡山は市営公園となり、[15]緑に覆われて静かな佇《たたず》まいですが、かつて何度も血腥《ちなまぐさ》い戦闘が繰り返されたのです。

御土居の築造と光悦芸術村

一五九一（天正十九）年、豊臣秀吉は京都惣構《そうがまえ》として御土居を築造させました。この土塁（外側に水堀を伴うので「御土居堀」ともいわれます）は、総延長二二・五キロメートルに及ぶ壮大なもので、一言でいえば洛中と洛外を分ける城壁ですが、当時の京都市街だけでなく、野畠だった地域も広く城内に取り込んでいました。特に北部の城内は現代になってもまだ市街地化されなかった部分もかなりありました。これは東側の御土居は南東流する鴨川の堤防という役割も持たせているので、ある程度上流まで持って行く必要があるという理由が考えられますが、そこから御土居を西へ向かわせる北側線は、長坂街道とどこで交差させるか（御土居長坂口の設定）が一つのポイントになったと思われます。先に述べた長坂口紺灰座の問屋を中核とする集落が当時から存在していたとすれば、そこをどう扱うか（洛外とするか洛中とするか）が重要なテーマになったでしょう。

福島克彦氏は、十七世紀初めに描かれた「京都図屏風」や一六三七（寛永十四）年の「洛中絵図」などに御土居長坂口付近に小さい集落が描かれていることから、御土居長坂口の管理のため在来の長坂口集落が利用されたのではないかと推測しています。[16] 御土居は洛中・洛外の境界であり出入り口の管理は重要な業務でした。御土居長坂口を長坂口集落付近に設置することにより、在来の商業集落に御土居口の管理機能も併せ持たせたのではないかと推定しているのです。

御土居が造られた後、長坂街道の性格はまた変わっていきました。物流路であることは勿論ですが、京都の北西部への交通路・出入り口として治安確保が重視されるようになったのです。一六一五（慶長二十）年、本阿弥光悦は徳川家康から鷹ヶ峰に広大な土地を拝領し、そこに縁者や当時の芸術家を集めて「芸術村」をつくりました。そこは御土居長坂口の外、つまり洛外でした。この地が光悦に与えられた経緯については様々な説がありますが、家康は「近江か丹波から京都に向かう道沿いで、追いはぎが出るような用心の悪い所へ広い土地を与えるように」[17]と京都所司代・板倉勝重に命じたといいます。光悦は豊臣家との関係を疑われて自刃させられた茶匠・

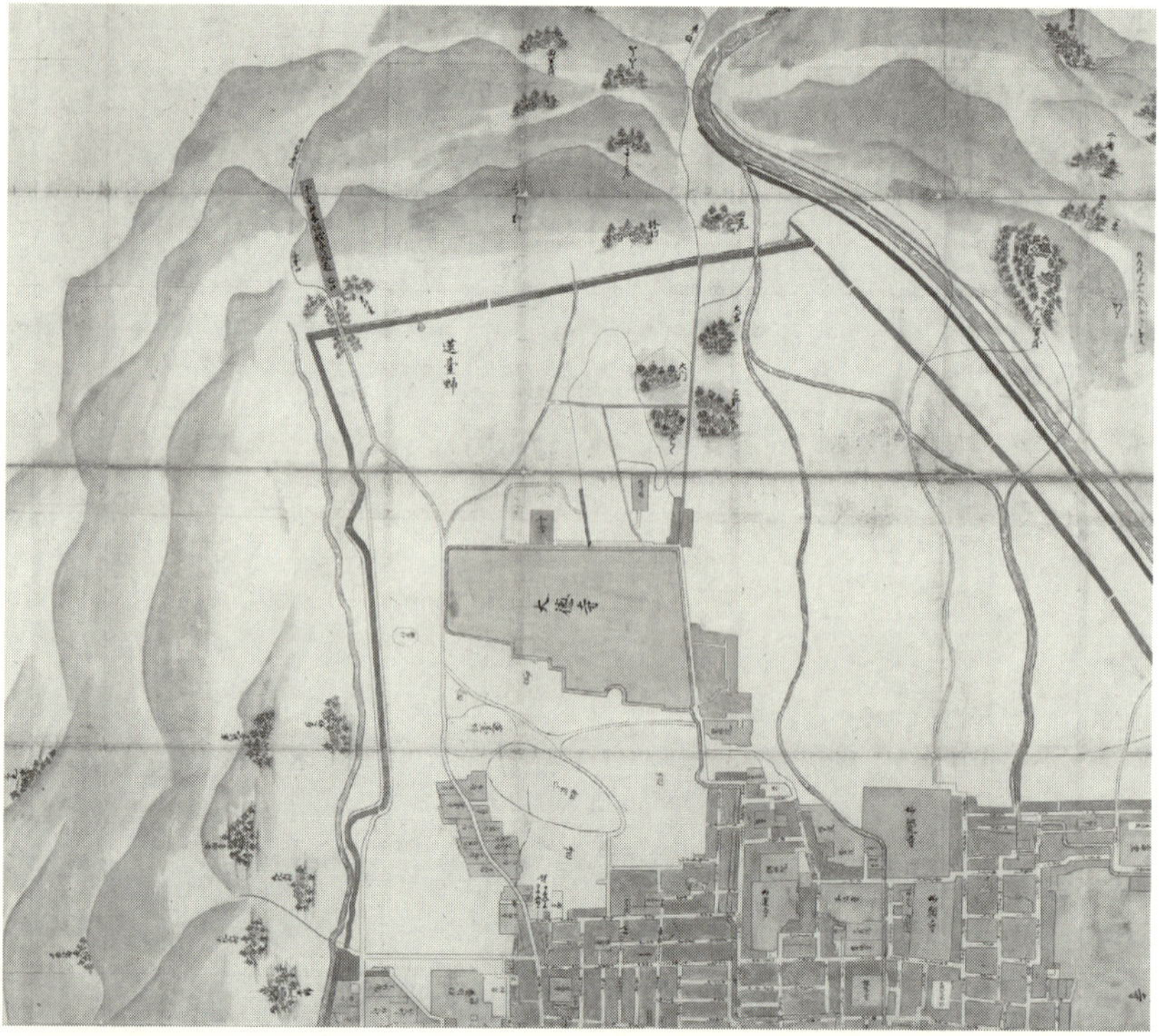

寛文十二年洛中洛外大絵図（1672年、中井家旧蔵、京都府立総合資料館所蔵）にみえる御土居（太い黒線）北部　御土居西北角、長坂口の内外に集落が記されている。御土居外の集落は「光悦芸術村」

古田織部《おりべ》と親しく、一時彼にも嫌疑がかけられていたので、懲罰的な意味も込めて長坂口の外つまり洛外に彼を追うとともに、長坂口付近の治安改善という意味も持たせた政策であったと見てよいのではないでしょうか。現に、光悦は隠棲《いんせい》というよりここで意欲的な街づくりを行いました[18]。

また、光悦村は一村法華（日蓮）信徒の村だったことも注目されます。光悦は熱心な法華信者で、彼が一六一六（元和二）年村内に寄進した用地に、養子の光嵯《こうさ》が身延山《みのぶさん》久遠寺《くおんじ》から日乾《にっけん》を招き、法華寺院を開設しました。日乾は一六二七（寛永四）年、当寺に檀林《だんりん》を開設しました。檀林というのは僧侶養成機関で、鷹峯檀林は最盛期には三十余の堂社が建ち並び、二百人余の学僧が修業していたといいます。その跡は現在の常照寺《じょうしょうじ》で、ここには島原の名妓《めいぎ》・吉野太夫が寄進したという山門（赤門）が現存しています。

近世、法華宗は関西に六か所の檀林を持っていました。鷹峯以外の五か所は、松ヶ崎、六条、山科、東山、鶏《か》冠井《いで》（現・向日市）にありました。いずれも京都の周辺部です。このうち松ヶ崎については、第四章で触れますが、ここも一村法華信徒の村でした。近世の鷹峯・光悦村や松ヶ崎は、坂＝境界に特有の強い個性を持つ集落だったのです。

四　葬送地・蓮台野

蓮台野と左大文字

千本北大路の南東にある船岡山付近は、古代から京都の葬送地の一つでした。平安時代には貴族が主に葬られたのですが、しだいに庶民の葬場ともなっていきました。平安末期頃から船岡山の西方が「蓮台野《れんだいの》」と呼ばれ、葬地と結び付けて認識されるようになったようです[19]。

「蓮台野」地名は各地にみられますが[20]、京都蓮台野の場合は蓮台寺（現・上品蓮台寺）との関係が強そうです。近世の蓮台寺には十二の坊[21]（塔頭《たっちゅう》）があり、船岡山の西を南北に通る千本通の両側に坊が並んでいました。各坊には広い墓地があり、むしろ墓地に付随して寺があったというべきでしょう。

一七〇六（宝永三）年刊『京城勝覧《けいじょうしょうらん》』（貝原篤信《かいばらあつのぶ》（益軒《えきけん》）著・下河原拾水画）の挿画を見ると、千本通には蓮台寺の南北に門があったことがわかります。

なお、蓮台寺の南に記されている「閻魔堂《えんまどう》」は、正式名を引接寺《いんじょうじ》[22]といい、蓮台野に運ばれる死者が寺の前の千本通を通るとき、鐘を一つだけ鳴らす風習があったといいます。引接寺には小野篁開基伝承があり、お盆前に

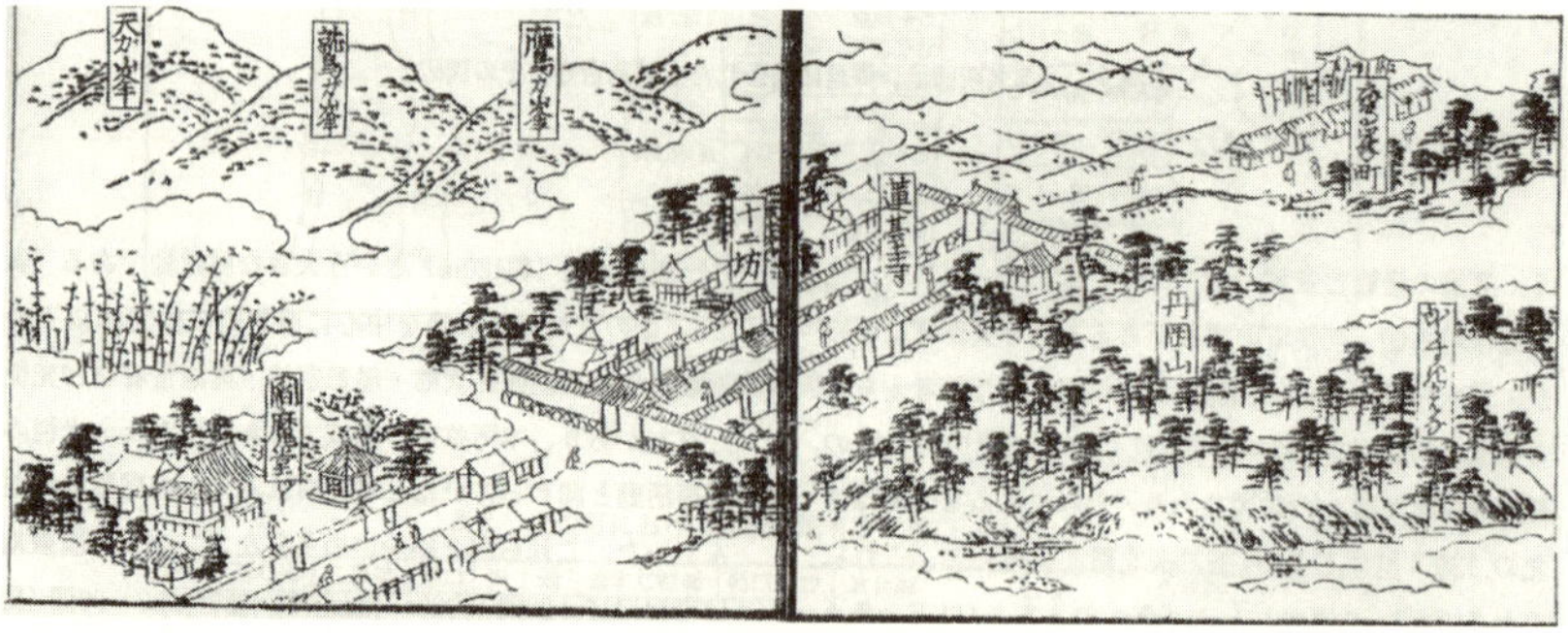

『京城勝覧』の挿画にみえる上品蓮台寺付近（国立国会図書館デジタルコレクション）

迎え鐘をつきに行く風習などを含め、洛東の珍皇寺《ちんのうじ》との類似点が多くあります。京都人には、この地は六道《ろくどう》の辻《つじ》と並び「あの世への入口」と意識されていたのです。

蓮台野の西・大北山に点《とも》される送り火が左大文字です。左大文字の宗教行事を実際に担っているのは左大文字保存会・不動講・尼講であり、成員はすべて大北山の麓・北区衣笠大北山地域の住民です。八月十六日には旦那寺・法音寺で夕刻から施餓鬼供養《せがきくよう》が行われます。そして予《あらかじ》め住職から種火を頂いて境内の蓮華台で燃えていた松割木の火が松明《たいまつ》に移され、松明行列として大北山山上の火床まで導かれるのです。導かれるのは地元・大北山地域に戻っていた先祖霊で、それらを冥界に送りかえす送り火として左大文字は燃やされます。しかし『扶桑京華志《ふそうきょうかし》』（一六六五・寛文五年）には既に左大文字について記されているので、江戸時代の比較的早い時期から左大文字は地元だけでなく京都人にとっての盆行事になっていました。これは松ヶ崎の「妙法」、あるいは如意ヶ岳の「大文字」など他の五山《ごさん》送り火にも言えることです。

元々お盆の送り火はもっとたくさんあったらしいのですが、現在まで続いている「五山」は、実施する地元の組織がしっかりしていること、京都市内から比較的見やすいことなどいくつかの要因が考えられます。左大文字は京都全体の葬送地であった蓮台野に近く、かつ市内から良く見えるので、大北山地区以外の京都人にとっても先祖霊を送る送り火になっていきました。さらに、行く夏を惜しむ観光行事という意味づけがされたことにより、「送り手」（大北山地区住民）と「受け手」（京都市民、観光客など）がそうした立場の違いを越えて一体化するという「都市祭礼」のメカニズムが働くようになったと、和崎春日氏は指摘しています。(23)

野口の清目

さて、昔蓮台野には河原者がいて、葬送にかかわる仕事をしていました。彼らの居住地は野口、または野口前という集落で、船岡山西麓にありました。この村の起源が何時頃か明確にはわかりませんが、一三〇四（嘉元二）年の非人施行記録に「蓮台野」が入っているので、中世に遡るでしょう。「野口の清目《きよめ》」の史料初見は一三〇六（嘉元四）年です。一四九〇（延徳二）年には「千本の赤」という河原者が、代々北野社へ奉公してきたことを理由に権益（北野社境内の清掃）確保の訴えをした記録が残っています。

近世になると一七〇五（宝永二）年の「洛中洛外図」に、それまでは記載されていなかった穢多《えた》村が御土居の内側、長坂街道との間に描かれています。これが蓮台野村です。この当時には南に少し離れた船岡山の麓に、中世以来の河原者の村・野口村もありました。野口村は古来公家（近衛家）との繋がりが強く、幕府の公役は負担していませんでした。当時穢多系被差別民の支配系統は、古来の四座雑色《しざぞうしき》(24)によるものと、天部《あまべ》(25)出身といわれる下村家によるものとがありました。下村家は幕府から家禄（一〇九石）を受ける待遇で、「二条城掃除番役」を差配し、各地の穢多に分担させていました。一七〇八（宝永五）年に当主・文六が死去すると、幕府は下村家を断絶させ、穢多の支配を四座雑色系統に一本化したうえ、牢屋敷外番役《ろうやしきそとばんやく》（獄舎の警備、行刑の補助等）を公役として穢多に命じました。同じ一七〇八年には野口村年寄で穢多の有力者だった甚右衛門も死去しましたが、その後野口村住民は御土居沿いの蓮台野村に移住を命じられ、両村は統合されました。以後蓮台野村は、六条村(26)の枝村（支村）として牢屋敷外番役を務めることになります。(27)

野口村の苦闘

蓮台野、野口という村名は明治以後も使われました。一八六八（明治元）年この付近は愛宕《おたぎ》郡蓮台野村となりましたが、四年後に木ノ畑町、上ノ町など周辺町が蓮台野村から分離、西紫竹《しちく》大門村に移動しました。翌年蓮台野村も西紫竹大門村に編入されたのですが、一八八四（明治十七）年西紫竹大門村は鷹ヶ峰村と改称。一八九二（明治二十五）年には「民情が合わない」などの理由によって旧蓮台野村は鷹ヶ峰村から分離し、野口村と称しました。こうした村の再編経過は、ひとことで言えば差別の結果ということになるでしょう。蓮台野村は穢多村だったので、江戸期までは死牛馬処理や皮革関連の仕事の独占などの「特権」がありました。したがって部落上層部には一定の資産家もいたのです。この付近は今宮神社の氏子圏ですが、祭礼に使う太鼓の皮は蓮台野村が無料で張り替え、奉納していました。ところが西陣など他地域の氏子が、蓮台野に無料で太鼓を張替えてもらわなくてもいいので、彼らに祭礼に参加してほしくないと言いだしたという記録が「今宮神社文書」に残されています。[28] 西陣といえば西陣織が有名ですが、近代に西陣織の賃機《ちんばた》――織機一～二台を家の土間に置く零細な下請け機屋――が西陣地域に拡がったときにも、蓮台野には入りませんでしたし、機屋に織り子として働きに行った人もあまりいませんでした。[29] それでも明治初期まで村には少数の富裕層がいました。例えば明治三年に「小法師《こぼし》」などで朝廷に奉仕してきた実績などをあげ、京都府宛「身分取立嘆願書」を出した益井元右衛門は、眼科医として有名で、部落の子どもたちを学ばせるため、後に楽只《らくし》小学校になる学校を私財を投じて設立したりしました。しかし明治以後は穢多村の「特権」も廃されたため、しだいに村全体の困窮化が進みました。特に松方デフレ以後は村民に貧窮者が多く、村税収入が僅かしかなかったため、村当局は条例により糞尿で村税を現物納付できるようにし、それを売却して小学校の維持費などを賄っていました。住民の多くは「下駄直し」や「日雇い」など不安定な職業で、子ども親の仕事の手伝いや子守りなどで学校へ行く余裕がない子が多く、一九〇〇（明治三十三）年野口村楽只尋常小学校の学齢児童二二三名中不就学児は九七名、就学率は五六・六パーセントにすぎませ

んでした。(30)

五　現代の長坂街道

御土居の破壊

一九〇二(明治三十五)年、現在の国道一六二号線が開通しました。中川付近からトンネルで清滝川の谷に出、渓谷沿いに栂尾《とがのお》・高尾を経由して福王子付近から京都市街に入るルートです。この新道ができた後、物流路としての長坂街道は急速に寂れていきました。街道に沿う鷹ヶ峰台地上の集落も商業集落としての性格をなくし、静かな住宅地に変わっていきました。

京都市街地の拡大がこの付近にまで及んでくると、御土居が次々に破壊され、その跡に住宅やアパートが建てられました。現在残っている御土居は、この時期の乱暴な破壊を辛うじて免れた部分なのです。

一九二四(大正十三)年測図の三千分の一京都市都市計画基本図(「鷹ヶ峰」、「船岡山」)をみると、この付近の御土居はほとんど完全に残っています。長坂街道沿いの街村も道の西側はほぼ連担しているのですが、東側は家屋が疎《まば》らで、畑や竹林に面している部分が多くあります。しかし、一九三八(昭和十三)年測図の一万分の一地形図では、佛教専門学校(現佛教大学)――一九三四(昭和九)年に左京区鹿ヶ谷《ししたに》から移転――付近から南には、すでに御土居が破壊され住宅が建ち始めている様子がわかります。この状況は一九五一(昭和二十六)年修正の一万分の一図ではあまり変わっていないのですが、一九六二(昭和三十七)年～一九六五(昭和四十)年測図の二千五百分の一京都市都市計画図では、地図上で御土居を判別するのが難しいほど破壊が進んでいます。特に長坂口から東へ延びていた御土居は完全に破壊され、建売り住宅街になってしまっています。(31)東部や南部に比べ、比較的保存状態が良かった北西部の御土居が急速に破壊されたのは高度成長期だったのです。この時期までに既に史跡に指定されている部分が九箇所あったのですが、そこにさえ破壊の波は及びました。京都市など文化財保護行政当局は、史跡指定部分の御土居を破壊している業者に再三警告を発したのですが、業者は「既成事実づくり」を止めませんでした。高度成長期は経済成長が最優先された時期で、そのひずみが公害・環境破壊や過疎・過密の激化として現れましたが、貴重な文化財の乱暴な破壊という取り返しのつかない弊害もあったのです。また文化財保護行政がもう少し強力に指導力を発揮しておれば、とも悔やまれます。

長坂の在日朝鮮人

さて、長坂街道沿いが市街地化されていく過程で、在日朝鮮人がこの地に刻んだ歴史があります。一九三五（昭和十）年の国勢調査、および京都市の調査によれば、楽只学区の総人口四〇二〇名のうち朝鮮人は六一四名で、朝鮮人人口率は一五・二七パーセントと、吉祥院学区（一九・〇八パーセント）に次ぐ高い比率を示しています。この資料は学区単位のものなので、旧蓮台野村（以下通称の「千本《せんぼん》部落」と表記）に絞ればさらに高い比率になります。京都市社会部が行った調査[32]では、一九三〇年代に朝鮮人居住者が急増し、一九三七（昭和十二）年千本部落では五七三人となっています。地域全人口（二〇六九人）の約二八パーセント、四人に一人強が朝鮮人だったのです。これは被差別部落およびその周辺に在日朝鮮人が流入した結果です。流入の理由は、部落付近の借家の家賃など生活費が安かったからです。京都市が市域を大きく拡大した一九一八（大正七）年頃から、市街地中心部にいた低所得層の人たちが市街地外周部（被差別部落の大半はそこにありました）に移動する傾向がみられますが、その低所得層の人たちのなかに在日朝鮮人が多くいたということです[33]。先に西陣織業界が被差別部落民を排除したと記しましたが、千本部落に流入してきた朝鮮人のなかには西陣織の工程に従事していた人もいました。西陣の他地域でも、朝鮮人が自宅に賃機を入れたり、ビロードなどの工程に関わっていた事例があるので、西陣織経営者層の被差別部落民への差別・忌避感情は、朝鮮人へのそれを上回って強かったことがわかります。しかし朝鮮人も西陣織業界の最底辺の労働を担っていたのです。

千本部落周辺に朝鮮人が住むようになった別の理由として注目されるのが、マンガン鉱山での労働です。鷹ヶ峰の近くにはかつて吉兆鉱山、鷹ヶ峰鉱山などの鉱山があり、戦中から戦後にかけて多くの朝鮮人労働者が働いていました。現在でも山中には坑道やトロッコのレール跡などが残っています[34]。ここで働いていた朝鮮人は千本部落やその周辺に住んでいたと思われます。また、戦後間もない一九五三（昭和二十八）年に紙屋川《かみやがわ》にかかる砂防ダムが完成しました。佛教大学キャンパスのすぐ西、衣笠開《きぬがさひら》キ町《ちょう》付近です。この工事にも多数の朝鮮人が働いていたといわれます。その労働者との関連は今のところわかりませんが、砂防ダムができてからその上流部の河川敷に朝鮮人の集落ができました。最初は左岸側に家が建ち並び、今では右岸側にも家屋があります。「京都新聞」の記事[35]によれば、現在五十軒ぐらいの建物があり、高齢者を中心に五十人ほどの在日朝鮮人が住んでいるようです。

紙屋川砂防ダムにある集落

なお、一九五〇年代末から千本部落で始まった公営住宅建設などの同和対策事業（後述）は、「属地・属人主義」（前から当地に住んでいた人たちに事業対象を限定）で進められたため、在日韓国・朝鮮人は「流入者」とみなされ、改良住宅への入居が認められなかったことも、砂防ダム内に朝鮮人集落ができた理由の一つとして上げられるかもしれません[36]。

この集落のことがマスコミで取り上げられるようになったきっかけは、二〇一二（平成二十四）年七月の集中豪雨で床上浸水の被害が出、救助隊が出動するなどしてテレビニュースで報道されたことでした。その前年にも同様の被害があり、京都府・市も対応に動き始めました。砂防ダム用地は河川敷で国有地のため「不法占拠」にあたることもあります。この件が報道されると、排外的な民族差別発言を繰り返している人たちの一部が、同地に押しかけて「不法占拠者は出ていけ」「朝鮮に帰れ」と叫ぶなどの行動をしたそうです。近年このような「レイシスト」たちが在日韓国・朝鮮人に対して目に余るような罵倒を繰り返していますが、朝鮮人一世が渡日した理由など日朝関係史を学び、なぜ在日朝鮮人が危険な砂防ダム内に住むようになったのかに思いを致せば、このような言動はできない筈だと私は思います[37]。

ウリハッキョ

旧京都第三朝鮮初級学校

在日朝鮮人コミュニティの足跡は、砂防ダムのすぐ上流にもあります。旧京都第三朝鮮初級学校です。京都には元々第一～第三の三つの朝鮮初級学校（日本の小学校にあたる）がありました。このうち第一と第三初級学校が統合し、二〇一三（平成二十五）年五月伏見区醍醐《だいご》に新設された校地・校舎に移転しました。

旧第三初級学校は、一九六七（昭和四十二）年北区上賀茂に開設されました。上賀茂にも在日朝鮮人が多く住んでいて、し尿汲み取り業、砂利採取、土工（土木作業）などに従事していたのです。し尿汲み取り・運搬業は、上賀茂特産の「すぐき」と関係があります。すぐきは京都独特の漬物で、上賀茂の農家が栽培したすぐき（根菜類の一種）の根を樽《たる》漬けにして乳酸発酵させたものです。すぐきの栽培には「下肥《しもごえ》」が多く使われました。上賀茂の農家の納屋などに住んでいた朝鮮人が、京都市内でし尿を汲み取り運搬していたのです。砂利採取は鴨川河床の砂利が対象でした。当時も合法的に行われていたわけではなく、いわば盗掘だったのですが、これによって生計を立てていた朝鮮人がいました。[30]

一九六七年この地に開校した京都第三朝鮮初級学校は、農家から借りた土地にプレハブ平屋の仮設教室を建てたものでした。夏場はトタン屋根が熱し、教室内はとても勉強できる環境ではなくなるので、教職員やオモニ（母親）たちが何度もホースで屋根に水をかけていたそうです。[39] 元々短期の仮校舎の予定だったので本校舎の用地が探されていたのですが、Kさんという在日の不動産業者が、鷹ヶ峰の紙屋川に沿う土地を格安で提供しました。ここは紙屋川左岸の段丘（低位段丘）で、川に向かって緩く傾斜している斜面だったので、学校を建てるためには土地を平坦にする必要があります。その工事は、産業廃棄物を運んできて低い部分を埋め立てる形で行われました。校舎も埋立地に杭《くい》を打ち、その上に建てられたのです。こうした工事にも、在日の親たち、特にオモニたちが大活躍しました。

このぐらいの幅でね、石を入れるんですよ。石を入れる幅は五〇センチぐらいしかなくて。でも碁盤の目のように一メートルぐらいあけて、水はけのいいように。それを一輪車で。トラックで持ってきて一箇所で降ろすよね。それをオモニたちが一輪車で運んで。一輪車みな慣れてないでしょ。酔っ払いと一緒や。石の上に一輪車転がすやからね。こーんなんですよ。今はもう口で簡単にいうけどね、石にのせるのはええんやけども、石の上に一輪車押そうと思ったら、平らな道じゃないから大変でしたよ。[40]

このように、建設工事の段階から誰が言い出すともなく労力奉仕をしたり、新校舎完成後は学校運営資金の足しにするため、運動会などの行事のとき売店を出し、そこで自分たちが作った弁当を売って売り上げを貯め、三年がかりで一〇〇〇万円という目標を達成しました。

(Aさん) みんなお金出しおうて、うちらそれみんなカンパやん。みんなそっからね。それハッキョ(学校)からもらってるのとちがうねん。みんな自分らで出し合って、そっから売って、儲けもみな学校へ。材料費みたいなもんもらってないよ。一つも。

(Eさん) ウンドンフェ(運動会)するときに、ヤンニョム(薬味)でも作るときにニラ買うのもったいないさかいに、おじさんの畑行って、みなもらって。一銭でも使わんとと思うてね。

(Cさん) それで売店するとき品物作っても私たち一つも食べないんですよ。味見とかも一切せずにね。

(Aさん) その一〇円でももったいなくてね。朝四時に起きて、みな中央市場行って……。そこらで買ってきたものではないんですよ。たとえ一〇円でも儲けの多いもの、そういうことで皆頭使って、長靴はいてね。だから私たち子どもの運動会、いっぺんも見ず、売店で……。

(Eさん) 売れなかったら、みな自分で買うて帰る。

(Cさん) みんな子ども四、五人もいてね。今みたいに一人とかじゃないんですよ。それでもみなお弁当包んで、家の仕事しながら、合間合間やから。今のオモニたち、娘見てると、ちょっとなーって思う。まあ時代やから仕方ないんやけどね。[41]

これらの記録をみると、子どもを初級学校に通わせる在日の親たちにとって、学校とはコミュニティの中心、文字通りコミュニティセンターだったことがわかります。京都では、一八六九(明治二)年全国に先駆けて創設された六四校の番組小学校をルーツとする「学区」が、小学校の統廃合が進んだ今なお「元学区」として地域コミュニティの単位として健在ですが、在日朝鮮人社会では初級学校がウリハッキョ(私たちの学校)として、「もう一つのコミュニティ」の中心になっていたのです。

葬送空間の不可視化

千本北大路の南東にある船岡山の麓は、かつて「蓮台野」と呼ばれ、京都有数の葬送地だったことは前に触れました。船岡山の姿は昔と変わっていませんが、蓮台野の風景は大きく変わりました。千本通沿いの上品蓮台《じょうぼん》寺、引接寺（閻魔堂）、さらにその南の石像寺《しゃくぞうじ》（釘抜き地蔵）などの寺院群は、数こそ減りましたがまだ姿は留めています。変わったのは墓地の風景です。

墓地景観の変遷について、興味深い研究を紹介したいと思います。布野修司氏らは、都市計画論の立場から京都の山辺の空間的特質を考察するという研究目的のもと、京都市街周辺の墓地に関する一連の研究成果を報告していますが、その一環として蓮台野も取り上げています。[42] この研究では一九二二（大正十一）年以来複数年の都市計画基本図（縮尺二五〇〇分ノ一）およびゼンリン発行の住宅地図を基本地図として、蓮台野地域の街路・街区の変遷、土地利用・施設分布の変化が精査されました。その結果、一九二二年時点ではこの地域（特に御土居の外）には水田・竹林・森林などが拡がり、南北に通る長坂街道（本論文では「長坂越え」）に沿って住居や旧野口村落があり、引接寺付近で千本通に沿う市街北端の市街地につながっています。特徴的なのは、「祭祀や葬送などの特別な行為を行うための重要な施設が地区全体に広く分布し、その周囲は森林、荒れ地など多様な行為を許容する空間で囲まれていた」ことで、これが「市中にはない空間的特質」でした。特に上品蓮台寺周辺の墓地は、「かつて市中との境界であった千本閻魔堂（引接寺）のすぐ北にいくつか密集して立地し、物理的に都市の境界を示していた」[43] のです。

ところが、その後京都市街地の拡大にともない地域内で街路が次々に新設され、それによって区画された街区内は住宅や商業施設などによって埋まっていきました。「多様な行為を許容する」空間だった森林・荒れ地などはほとんど姿を消し、空地は公園や駐車場など人工的なものに変わりました。かつて「物理的に都市の境界を示していた」上品蓮台寺周辺の墓地群は現在もほぼ変わらず存在しているのですが、街区内に取り込まれ、各墓地

引接寺（千本閻魔堂）境内

上品蓮台寺墓地を囲む塀

が切り離され孤立していきました。そして「周囲に住宅が建て詰まり、周辺環境が変化したことによって、もはや街区内の単なる余地でしかなくなっている」[44]のです。

この研究は、市街地化の進行によって蓮台野地域が持っていた空間的特質が失われ、上品蓮台寺周辺の墓地によって物理的に隔てられていた京都市街と蓮台野とがつながっていく過程を明示的に跡づけているのです。

現地を歩いてみましょう。千本蘆山寺《ろざんじ》交差点の西にある引接寺（閻魔堂）の境内には、昔と変わらない「あの世への入口」の雰囲気が残っています。

本堂の裏には死者の供養のため卒塔婆《そとば》を流す池があり、その周囲には無数の石仏が赤や白の前掛けをして並んでいます。しばらく佇んでいるとここが都会のなかであることを忘れてしまうほどで、死者たちの存在を身近に感じる空間です。しかし、一歩門前の千本通に出ると、眼前を車がひっきりなしに通過し、現実に引き戻されます。

千本通の歩道を北へ少し歩くと、上品蓮台寺の土塀が見えてきます。土塀の南端に沿って左折し寺の裏（西側）に出ると、そこにはブロック塀が延々と続いています。塀の高さは二メートル以上あり、墓地が道路からは見えないようになっています。

この付近に点在する墓地と墓地の間の空間に拡がっていた藪や森、荒れ地、畑地などは、完全に住宅地に変わり、緑はブロック塀で囲われた墓地内にある高木が見えるだけです。

大正時代頃までは、墓地はそれを取り巻く荒れ地や畑、森などのなかに溶け込むように点在していて、そうした全体的な景観が蓮台野の土地柄として人々に認識されていました。そして蓮台野一帯は、ある程度の幅を持つ境界として京都市街と外部とを分かっていたのです。次の第四章でみるように、岩倉盆地がそれ全体として京都と外部との境界という意味を持っていたのと似ていると言えるでしょう。

しかし、岩倉が京都と同じになり、狐坂が境界の意味をなくしたのと同様に、蓮台野も京都市街の一部に吸収され、昔からの葬送空間である墓地は高いブロック塀で囲われて外からは見えないようになっています。これは、現代社会では「生と死」が隣り合わせであることになるべく触れないように日常の時間が流れていることと関係があるかもしれません。

「境界の不可視化」ということが、人々の意図とはかかわりなく進んだ時代に、私たちは生きているのです。

六　「隠さない」ということ

ツラッティ千本

この章の冒頭に「ツラッティ千本」という展示施設について少し触れ、「歴史を辿る旅で回り道したあとで立ち寄りたい」と記しました。その機が熟してきたようです。

ツラッティ千本は、京都市人権文化推進課が運営していて、日祝日・月曜、年末年始以外午前十時から午後四時三十分まで開館（入場無料）しています。「ツラッティ」というのは、「連れあって」「一緒に」といった意味の「つらって」という千本のことばから命名されたとのことです。展示室は五室あり、時々開かれる特別展以外は常設展示が行われています。各室の展示テーマは次の通りです。

第一室・京都市の都市整備と同和行政の展開。第二室・千本のあゆみⅠ、千本のあけぼのと村の改善事業。第三室・千本のあゆみⅡ　野口村のくらしと全国水平社。第四室・「共生・永住・自治」のまちづくりをめざして。第五室・「千本の赤」。

第二展示室には、「京都明細大絵図」の船岡山北西付近が拡大された複製図が掲示されています。そこには大徳寺の西に「穢多村」と付記された集落が記されていて、その解説文には次のようにあります。

千本北大路交差点から見るツラッティ千本

一七〇八（宝永五）に起きた大火の後、大きく変貌した京都の、一七一四（正徳四）〜一七二一（享保六）の様子を示す絵図の部分図。船岡山北西（左上）に『穢多村』として描かれているのが蓮台野村である。拡大複製。原本は京都市歴史資料館蔵。

それに続き、「掲示にあたって」という一文があります。

博物館などの古地図展に行くと、奇妙な光景に出くわすことがあります。

破れているふうでもないのに、地図のところどころに紙が貼ってあったり、中途半端な位置に留め具が置いてあったり。「人権上の配慮」から、記載されている〝穢多村〟や〝非人小屋〟などの表記を分からなくするためのようです。

しかし、それでいいのでしょうか。「隠されて見えない」その場所で、人々は懸命に生きてきました。名前を持った村が存在しました。

自分たちの村が〝穢多村〟等と記載されているのを見るのは、誰もが腹立たしいことです。しかし、いかに差別的な視線が介在していようと（中略）その先には必ず先人たちの息づかい、暮らし、人間としての喜怒哀楽が見え、聞こえてきます。

必要なのは、〝穢多村〟という記載を隠したり削ったりすることではなく、そうした記載を通してでも人間の営みを感じとる力、読みとる力をわたしたちが身に付けることではないでしょうか。

意見をお寄せください。

ここに述べられている「隠さない」というメッセージは、千本部落の解放運動のなかで形成されてきた重要なコンセプトなのです。それがなければ、千本部落の地元にある展示施設でこのような一文が掲示されることはあり得ませんし、ツラッティ千本という公営施設自体も存立できないでしょう。かつて「被差別部落」と「一般」との間に引かれていた境界線を一旦明示した上で、それが差別を作り出すために人為的に引かれたものであることを確認し、それがいまだに完全には解消されていない現実を、この展示は問い続けているのではないかと思います。

初代水平社本部

ここで千本部落での解放運動史を概観しておきたいと思います。一九一八（大正七）年八月の米騒動[45]に際し、千本でも女性や子どもが米屋に押しかけて廉売を要求するなどの騒ぎがありましたが、当時青年団長をしていた南《みなみ》梅吉《うめきち》らが青壮年層の参加を押さえたとして後に府知事から表彰されています。しかし南は、この後全国水平社結成の機運が高まるとその運動に積極的に参加し、一九二二（大正十一）年二月の大日本平等会での演説では「私が過去二十年間取り組んだ部落改善運動は、部落民を卑屈にし、同胞を裏切るものだった。その間に受けた官庁からの表彰状は紙屑に過ぎない」と自己批判しました。そして同年三月三日、京都岡崎公会堂での全国水平社創立大会を迎えるのですが、南は初代委員長に選出され、全国水平社聯盟本部も千本の南の自宅に置かれました。この跡地付近には「人の世に熱あれ、人間に光あれ」という水平社宣言の一節を刻んだ記念碑が建っています。

全国水平社聯盟本部初代事務所跡記念碑

しかし、全国水平社は発足後暫《しばら》くして運動路線の違いなどから内部対立が起こり、一九二四（大正十三）年十二月大阪で開かれた大会で南の委員長辞任、事務所の大阪への移転が決定されました。南は一九二七（昭和二）年一月に「日本水平社」を発足させ自宅に本部を置きましたが、この運動も大きく活性化するには至らず、千本部落の環境改善事業が行政の課題として取り上げられるのも戦後を待たなければなりませんでした。

一九五一（昭和二十六）年、京都市の職員が七条部落を舞台とする差別小説を雑誌に寄稿していたことが発覚し（オールロマンス事件）これをきっかけに、部落差別解消のため行政が積極的に取り組んでこなかったことに対する被差別部落住民の怒りが大きく盛り上がりました。京都市では一九五三（昭和二十八）年、初の改良住宅二十四戸を錦林《きんりん》地区に建設、続いて一九五四（昭和二十九）年養正《ようせい》、一九五六（昭和三十一）年崇仁《すうじん》と鉄筋コンクリート三階建ての市営改良住宅が建設されました。千本では一九五八（昭和三十三）年十月に楽只第一棟が完成します。それ以前の千本地区は、地区の東を通る千本通も北大路から北は急に道幅が狭くなり、そこから地区内に入る路地は更に狭く入り組んで、火事になっても消防車が進入できない部分が多くありました。密集する家屋は傾き、便所は共同で、朝には順番待ちの列ができるという状態でした。(46) このような劣悪な住環境を改善するためには「不良住宅」を除去し、その跡地に集合住宅を建てる手法がとられますが、地区内だけで再開発事業を行うには数年にわたる仮住まい先の確保等様々な困難を伴います。千本では地区外（佛教大学を挟んだ北側）に用地を取得、そこに改良住宅（鷹ヶ峰第一棟）が完成（一九六六年三月）後住民が移住した後で不良住宅のクリアランスを行い、再開発用地にあてるという京都市で初めての手法がとられました。以後同和対策事業として市営住宅の建設、道路の拡幅、公園等の整備が進められた結果、地区の景観は一新されました。

「じうん」と「きたけん」

こうした過程で起こりがちなのが、「なぜあの人たちだけが」という妬み意識です。同和対策事業は公費を使って行われるため、「『一般』にももっと住宅に困っている人がいる」「なぜ部落の人だけ優先的に市営住宅に入居できるのか」などといった事業に否定的な見方が出てきます。これはあまり広言するとまずいといった意識と組み合わされ表面には出にくいのですが、滓《おり》のように潜在しています。千本の解放運動ではこのことに思いを致し、「共生」を標榜して幅広く共に取り組める運動が模索されてきました。具体的には「じうん」と「きたけん」という二つの運動があげられます。

「じうん」の正式名称は「千本ふるさと共生自治運営委員会」で、一九九三（平成五）年五月に発足しました。

構成団体は楽只地区の各種団体に楽只・鷹ヶ峰学区の社会福祉協議会を加えた十五団体で、楽只、鷹ヶ峰両小学校のＰＴＡもオブザーバーとして加わりました。組織名に「ふるさと共生」がうたわれているのは、この頃から表面化していた千本地区の変貌を踏まえたものです。「じうん」について、ツラッティ千本のホームページには次のように記されています。

一九九〇年代に入り、「老朽化の著しい楽只市営住宅第一棟・第二棟の建替をすべきでは」という声が地元から上がり、行政内部でも検討が始まりました。このとき、地元から「若い者が外へ出ていき、年寄りばかりがムラの中に残るという今の状況で建替をしても、『真新しい住宅で年寄りが一人で寝たきり』ということになってしまわないか」という意見が出されました。

これをきっかけに、これまでの地元の取組、同和行政や同和教育が同和地区にもたらした成果と課題を全体で検討したうえで建替を考えていこうという作業が始まりました。同和行政の枠にとどまらない、さまざまな事例の研究。東京・世田谷や神戸・真野など各地で進められている（住民と行政との）パートナーシップ型まちづくり運動の学習。北九州北方地区における「もやい」（何人かでモノを共有したり、共同でコトをおこすこと）をキーワードとした住民参加によるまちづくり（環境改善事業）の視察。タイやフィリピンなどアジアのスラムで住環境改善運動に取り組む人々との交流。このとき、大きな力を発揮したのが、都市計画家など、まちづくりの専門家でした。後の住民によるワークショップの展開も、これら専門家からのアドバイスに基づいて進められたものです。そして「二〇一〇年の千本」まちづくり運動が提案され、それを担う組織として、「千本ふるさと共生自治運営委員会」（略称：じうん）が一九九三年五月に発足しました。「じうん」の手によって、不必要に張り巡らされていたフェンスの撤去、コミュニティ道路づくりや空き地ワークショップなどの住民主体のまちの見直し活動、そして全体構想づくりのためのワークショップが取り組まれてきました。また、「じうん」が中心となって、定期借地権を利用したコーポラティブ住宅（有志が集まってプランを出し合いながらつくる共同住宅）も建設されました。

「じうん」発足のきっかけになったのは楽只市営住宅第一・二棟の建替え問題でしたが、当時の地域リーダー層には、これを地区内だけの取り組みにしてはいけないという思いが強くあったようです。一九七六年に発足した部落解放千本地区総合計画策定委員会の第一回総会では、すでに次のようなことが確認されています。「部落の住環境・生活環境が変革していくことは、あわせて一般地区の住環境・生活環境も向上していくような有機的な関連を持たせて事業の推進を図っていくことが求められている」

市営住宅建替えに際し住民の要望を基に作られたお地蔵さん広場。地蔵盆の会場になる（らくし 21）

自分たちだけがよければいいという発想では公的事業に幅広いコンセンサスを得ることができないし、被差別部落の環境改善が全体の底上げにつながっていかなければ意味がないという認識があったのです。

また「じうん」が発足する頃には、生活安定層で持ち家を求めて地区外に移住したものの、千本を「ふるさと」としてかかわりを持ち続けたいと願う人たちが一定数おり、この人たちの力を借りたいという背景もありました。以後「じうん」の取り組みは、建替え第一号となった「らくし二一」の設計に住民の希望を採りいれたり、市有地を借地してコーポラティブ住宅（ミルノール[47]）を建設するなど、主に千本通東側の再開発プランをオープンなものとして実行していく上で不可欠なものになりました。

次に「きたけん」ですが、一九七二（昭和四十七）年の発足時点での正式名称は「部落解放研究北区集会」でした。この時点での実行委員会メンバーは、楽只学習センター関係四校（楽只・鷹ヶ峰小学校、旭ヶ丘・嘉楽中学校）連絡会、楽只小学校育友会、部落解放同盟千本支部でした。当初から周辺地域の人たちに部落問題への関心、理解を深めてもらうことを目的にしていたのですが、一九九七年の第二十六回集会の実行委員会には旭ヶ丘、嘉楽中学校区のすべての小学校のPTA・育友会が参加し、両中学校区外からも金閣、柏野小学校、衣笠中学PTA、および楽只、鷹ヶ峰学区の社会福祉協議会、京都第三朝鮮初級学校、佛教大学からも実行委員が加わりました。集会の内容も、当初は千本地区住民が「私の歩んだ道」と題して生活史を語ったり、地区のお年寄りからの聞き取りをもとにした集団劇が取り組まれるなど、部落問題が中心だったのですが、一九九二年の第二十一回集会から「わたしたちのまち／ゆたかなふれあいのまち／やさしさのまち」というスローガンのもと、「まちづくり」が中心テーマに掲げられました。また同年九月から第二土曜が学休日になったのにあわせ、毎年九月第二土曜に「船岡山イベント」が始められました。船岡山公園を会場に、PTAなどが模擬店を出したり、ステージでの催しなど子どもたちを中心に五～六千人もの参加者で賑わうようになりました。また「千本四校校区タウンウオッチング」などのフィールドワークも取り組まれ、千本地区だけでなく「自分たちの街を見直し、考える」ことが提起されました。[48] 二〇〇三（平成十五）年からは「きたけん」が正式名称になりましたが、この名称変更も、部落問題だけではなく幅広く人権問題を基盤に据えた地域づくりを考える場にしたいという願いからきていると思います。

境界の再定義

「じうん」、「きたけん」での取り組みの経過をみると、かつて千本部落という地域は周囲から差別されるという負のベクトルを専ら受けていたのですが、その歴史のなかで形成された「差別に負けない」という共同体の質を、今度は正のベクトルとして逆に周囲に発信しているのではないかと思うのです。近年「一般」地域では、前から住んでいる住民の高齢化が進み、新しく外からきた居住者は地域の町内会、自治会活動にあまり参加しない傾向があります。その結果、京都で昔から夏休みに子どもたちのために行われてきた地蔵盆などの行事も、少子化の進行とも相まって下火になってきています。また自分たちの地域が抱える問題を解決・改善するために町内会・自治会で取り組むという活力自体が低下してきている所が多いです。一方千本地区の場合は一般地区と同じような問題を抱えつつも、今までに見てきたように地域共同体として行政等と連携しながら地域の課題に取り組める力を維持していきます。「差別と闘う」という共通テーマが、住民を繋《つな》ぐ紐帯《ちゅうたい》になってきたと言えるでしょう。

江戸時代に引かれた「被差別部落」と「一般」との境界線は、数百年を経て、人びとが「共に生きる」ことを考えるための境界線として見直され再定義されるとすれば、「隠さない」こと＝境界を明示することは、むしろ必要なことではないでしょうか。

【注】

（1）京都市人権史料展示施設。
（2）現在は破壊され、跡地は住宅地になっています。
（3）紙屋川の段丘崖を利用し、その上に人工の土盛りがされています。
（4）車道の南側につづら折れの古道が残っており、地元の人たち（紙屋川を美しくする会）によってきれいに保全されています。
（5）小野道風、藤原佐理、藤原行成。
（6）春日井市には「小野道風記念館」があり、道風の作品を収集・展示しています。
（7）被葬者の経歴、業績などを刻んだ銘板。毛人の墓碑銘は現在京都国立博物館に所蔵されています。

(8) 現在の社殿は一九七一（昭和四十六）年に再建されたものです。
(9) このほかに、石川県加賀市山中温泉に近い真砂《まなご》地区などにも木地師発祥地伝承があります。
(10) 「君《きみ》」は臣《おみ》、連《むらじ》などと同様、奈良時代の「姓《かばね》」の一つ。
(11) 熊野信仰を広めた「熊野比丘尼」も、歩き巫女に含められます。
(12) 柳田國男は、木地師や「たたら」（製鉄にかかわる民）のような非定住民は、定住の農民から差別視されたと同時に「まれびと」として畏怖される存在でもあったと述べています。
(13) 大山喬平「供御人・神人・寄人」（朝尾直弘他編『日本の社会史』第6巻社会的諸集団、岩波書店　一九八八年）
(14) 「康富記二」（『増補史料大成三十八巻』臨川書店 一九七五年 所収）
(15) 明治十三年、船岡山に織田信長を祭神とする建勲神社が祀られ、山城遺構の一部が神域になって立入が禁じられています。しかし公園部分にも横堀などの遺構が見られます。
(16) 福島克彦「長坂街道と鷹ヶ峰—中世の道」（『京都紫野・鷹ヶ峰の地域文化学』佛教大学紫野校地学術調査報告書　二〇〇四年）
(17) 日暮聖他訳注『本阿弥行状記』（東洋文庫八一〇、平凡社二〇一一年）による。
(18) 粟津潔他『光悦村再現』（ＩＮＡＸ出版　一九九五年）
(19) 山本尚友「上品蓮台寺と墓所聖について」（細川涼一編『三昧聖の研究』碩文社　二〇〇一年）
(20) 柳田國男『遠野物語』にも、「昔は六十を超えたる老人はすべてこの蓮台野へ追ひやるの習ひありき」と記されていて、遠野の近くにも「蓮台野」があったとされています。
(21) 蓮台寺は「千本十二坊」と通称されました。なお、「千本」という通り名は、卒塔婆が千本程も立つ（葬場）からきているとの説があります。
(22) 「引接」とは、「引導」と同義です。
(23) 和崎春日『左大文字の都市人類学』（弘文堂　一九八七年）
(24) 江戸時代京都での諸行事と要人の警固、民衆への布告の伝達、牢屋敷の詰番などにあたりました。四条室町を起点に京都を四分し、五十嵐・松村・松尾・荻野の上雑色四家で分担、京都所司代の管轄下で民政を行った組織です。
(25) 豊臣政権によって四条寺町付近から三条橋東に移転させられた穢多村で、六条村と並び畿内の穢多村を束ねていました。
(26) 元は鴨川の六条河原にあったのですが、七条川西に替え地になり、後に「柳原」と呼ばれるようになりました。
(27) この他、禁裏の清掃などを行う「小法師《こぼし》」という役務も行っていました。

(28)辻ミチ子「近世蓮台野村の歴史―甚右衛門から元右衛門」(『二〇〇九年度部落史連続講座講演録』京都部落問題研究資料センター 二〇一〇年)

(29)南紀史「昭和初期の西陣機業における被差別部落民と在日朝鮮人をめぐる予察的考察」(『立命館地理学』二一号二〇〇九年)

(30)一九〇〇年の尋常小学校就学率(全国)は、八一・五%でした。(文部省『学制百年史』)

(31)植村善博「紫野校地とその周辺一〇〇年の変貌―地形図の比較による景観分析―」(佛教大学校地調査委員会『京都紫野・鷹ヶ峰の地域文化学』二〇〇四年)

(32)京都市社会部『京都市に於ける不良住宅地区に関する調査』一九四〇年

(33)高野昭雄『近代都市の形成と在日朝鮮人』(人文書院 二〇〇九年)

(34)『「部落」と「在日」』三館共同特別巡回展パンフレット 二〇〇三年

(35)「紙屋川の砂防ダム内集落　住民との対話が不可欠」(『京都新聞』二〇一三年四月三日掲載)など。

(36)この点については具体的事例などが未確認です。今後調査する必要があると思います。

(37)二〇一五年五月末に、京都府により集落内の空家の撤去工事が始まりました。

(38)高野昭雄「上賀茂地区における朝鮮人労働者」(『近代都市の形成と在日朝鮮人』第八章)

(39)同志社大学板垣竜太ゼミ『二〇〇八年度社会調査実習報告書―京都朝鮮第三初級学校を中心に』

(40)前掲　板垣ゼミレポート「学校草創期のオモニたちの活動」より。

(41)同前、二〇〇七年九月三十日に行われたインタビューより。

(42)高橋俊也・渡辺菊眞・布野修司「『蓮台野』(京都左大文字山麓)の空間的特質に関する考察」(『日本建築学会計画系論文集』第七四巻第六三七号、二〇〇九年)

(43)同前、六三七頁。

(44)同前、六四一頁。

(45)シベリア出兵での軍用米の需要を見越した業者の「売り惜しみ」のため米価が急騰し、富山県魚津の女性たち(遠洋漁業に出る漁師の留守を預かる主婦)が米屋を襲ったのを端緒に騒乱が全国に拡がった事件。被差別部落住民が多数参加し、全国水平社結成のきっかけになったと言われます。

(46)後藤直『まちづくりとしての地域教育―大学と地域の共育実践』(阿吽社　二〇〇二年)

(47)公有地を借地してのコーポラティブ住宅の建設は全国初の取り組みです。

(48)「きたけん」の経過は、後藤直「同和地区における二一世紀のまちづくり」(『まちづくりとしての地域教育―大学と地域の共育実践』)より要約。

第四章　狐坂

岩倉目無地蔵

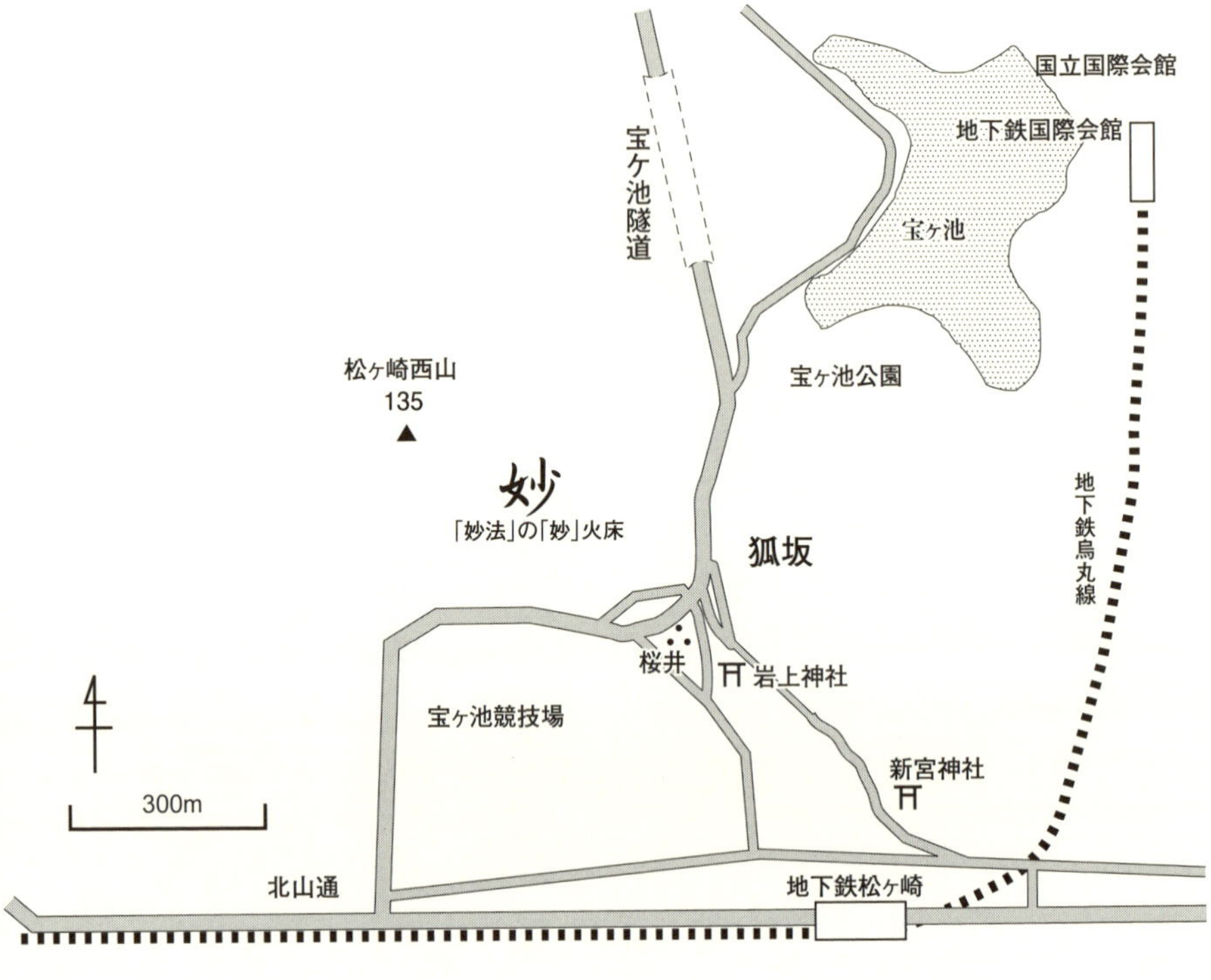
国立国際会館
地下鉄国際会館
宝ヶ池隧道
宝ヶ池
宝ヶ池公園
松ヶ崎西山
135
妙
「妙法」の「妙」火床
狐坂
地下鉄烏丸線
桜井
岩上神社
宝ヶ池競技場
新宮神社
300m
北山通
地下鉄松ヶ崎

【狐坂付近略地図】

一　狐坂を歩く

ヘアピンカーブ

狐坂は、京都と岩倉の境にある坂です。岩倉は、京都盆地の北に付随する小盆地で、現在は京都市左京区に属していますが、近代までは京都とは別の小世界を形成していました。(1) 岩倉からさらに北に向かうと、大原や花背《はなせ》を経て若狭《わかさ》・丹後・丹波などに至るのですが、そのような「外部」とはまた違う京都の「周縁部」という地域性を持っていた土地です。したがって、狐坂は京都とその外部との境界にある坂ではなく、京都とその周縁部との境にある坂です。この坂は、長い間境界としての意味を持ち続けていましたが、今はその意味をほとんどなくしてしまいました。この坂の歴史をたどる前に、今の狐坂を歩いてみましょう。

京都市営地下鉄烏丸《からすま》線の松ヶ崎駅は、終点である国際会館駅から一つ京都側の駅です。この駅を降りて地上に出ると、北山通が東西に走っています。このあたりは、一つ手前の北山駅の周辺のように、若者好みのしゃれた店などはあまりなく、道のすぐそばに野菜畑が残っていたり、近郊農村の名残がまだ見られます。北山通から北へ小道を入ると、すぐに東西に走る旧道に出ます。松ヶ崎は、この旧道に沿う街村として長い歴史を経てきました。この村の歴史も非常に劇的なものですが、それはまた後でみることにしたいと思います。旧道に沿って落ち着いた街並みが続き、道の北側には用水路にきれいな水が流れています。新宮神社(2)の前で、街路から分かれて北西へ入ると地道になり、なだらかな上りにかかります。道の左側（南）は一段低いところに民家があるためかフェンスが続いていますが、右側（北）はすぐ雑木林の斜面です。通常人気《ひとけ》はほとんどありません。数百メートル歩くと、目前に急に茶色いカラー舗装の道が現れます。これが狐坂旧道です。

今歩いてきた松ヶ崎からの道との合流点は、狐坂旧道がヘアピン状にカーブしているところで、これを右へ登れば宝ヶ池方向に向かいますし、左へ下りれば、大文字送り火「妙法」の「妙」火床のすぐ下を経て、京都方面に出ることができます。

今、狐坂旧道は、歩行者と自転車の専用道となり車は通りませんが、すぐ向こうに見えている高架道ができるまではこの道が車道でした。京都方面から来ると、急にこのヘアピンカーブが現れるためマニュアル車がエンストしたり、大型車両どうしがカーブで離合するのは難しかった、など車の難所だったのです。

時折散歩する人や自転車が上り下りする舗道を左へ下ってみましょう。高架道のガードをくぐると間もなく車止めのゲートがあり、そこを直進すると北山通から北上してくる宝ヶ池通と合流します。宝ヶ池通も新しく作られた道です。(3) ゲートの手前から左に向かい、再び高架道のガードをくぐる小道がありますが、この道が旧道の続きです。つまり、旧狐坂は元々二度ヘアピンカーブしていたのです。

狐坂旧道のヘアピンカーブ

狐坂の境界記号

旧道を少し南に行くと、道の左手に桜井があります。これは井戸というよりも自然の湧水で、山側に素朴な石積みがされているだけです。今も量は多くはありませんが、湧水が出ているようです。この井水は昔から結構有名で歌枕にもなっており、(4) 狐坂を行き来する旅人はここで足を休め、桜井の水で喉を潤した人も多かったのです。

ここからさらに南へ向かうと、岩上《いわがみ》神社の石鳥居が見えてきます。この神社も古い佇まいで鎮まっていますが、拝殿だけで本殿はありません。なぜかというと、この神社のご神体は拝殿の北にある大きな岩なのです。あとでみる岩倉にも巨石がご神体になっている山住神社があり、そもそも岩倉という地名は「磐座《いわくら》」──神が宿る巨石からきているというのが定説(5)ですが、京都と岩倉の境界である狐坂にも盤座があるのです。

昔、旅人は、桜井や岩上神社といった境界記号にふれながら、徒歩で狐坂を越していきました。「京都と岩倉は別世界」というのは、狐坂のような境界を越えることで、人々の意識にインプットされたと思います。

桜井

岩上神社の鳥居

ご神体（石柱で囲われた中にある平坦な岩）

二　三つのルート

一本橋越え

ところで、京都と岩倉を結ぶ経路は狐坂越えだけではありません。狐坂越えを「中央ルート」とすれば、京都から高野川(6)の川筋を遡り、岩倉川との合流点付近から岩倉盆地に入るルート（「東ルート」）、京都から深泥池《みどろがいけ》(7)の西を通り、馬頭観音《ばとうかんのん》の峠を越して幡枝《はたえだ》に出る鞍馬街道のルート（「西ルート」）があります。西ルートには途中から分かれて檜《ひのき》峠という鞍部《あんぶ》を越える別コースもありました。このうち東ルートは、高野川や岩倉川を渡るのがネックで、恒常的で安全な橋がかかるまでは「一本橋」（おそらく仮設的な橋）を渡らねばならず増水時には渡河が難しいなどの難点がありました。

鞍馬街道の坂

西ルートの鞍馬街道は、上賀茂から岩倉を経由して鞍馬へ通じる重要な交通路でしたが、馬頭観音の峠も檜峠もかなりの難所で、特に道が凍結する冬季には、荷車などでの物資輸送は困難をきわめたようです。峠を岩倉側に越えた幡枝にある圓通寺《えんつうじ》の門前に、道路開削の記念碑が建っていますが、それに刻まれている文言は以下のようなものです。（原文は漢文。京都市歴史資料館の「いしぶみデータベース」記載の訳文による）

> 山城国愛宕《おたぎ》郡御泥池《みどろがいけ》村から鞍馬方面へ行くのには檜木峠を経て遠回りしなければならなかった。近道には両側に山が切り立ち、急坂を馬がやっと通れる程度の道しかなかった。近年村人はこの山あいを切り開き道

を造り、切り通しと呼ぶようになった。この道は高い山でもないのに石が突き出て、低い土地でもないのに水が湧き出ていた。木に覆われて夏にも乾くことなく、冬にはしばしば凍結し、人も牛馬もすべって倒れることが多く、中国でいう蜀《しょく》の桟道《さんどう》に匹敵するような難路であった。時に炭売りを業とした吉三郎という者が御泥池村にいた。この道を往復すること数十年、常に道を改修することを考えていた。貞享《じょうきょう》二年の夏、同村の次郎右衛門・勘三郎と改修工事を発起した。人々の助力によりついに完成し、永く難路の苦労を免れることになった。難しい工事を一介の庶民が成し遂げたことは偉大なことである。わたし（碑文の作者性通）は感嘆のあまりその顚末《てんまつ》を石碑に刻むものである。

御泥池村の炭売り・吉三郎は、鞍馬で仕入れた炭を京都で売るのを業としていたのですが、[8]炭を運んで幡枝の峠を越すのに長年難渋し、峠を通りやすくするのが悲願でした。ついにその工事（切り下げ工事）の実行を一念発起し、周囲の人たちの協力を得て改修を実現したのです。一六八五（貞亨二）年のことです。当時としては記念碑が建つほどの大事業でした。これで峠道はやや通りやすくなったものの、難所であることには変わりなく、その後も改修が繰り返されました。一八八八（明治二十一）年地方税の補助を受け、峠の南側からバイパスを設置する工事が行われましたが、これは岩倉村の人たちが岩倉に縁がある新政府要人の岩倉具視《ともみ》（一八八三年没）に、以前からこの道の改修を陳情していたことと関係があるのではないかと言われています。

檜峠越えは元々迂回路という位置づけだったようですが、これは岩倉以北（鞍馬・貴船方面）への交通を考えた場合、「遠回り」と意識されていたようで、岩倉の人たちが京都に往来するには利便性のある道だったようです。[9]しかしこの道も急坂であることに変わりなく、一八九六（明治二十九）年および一九一二（大正一）年に切り下げ工事が行われました。[10]

一八九五（明治二十八）年、日清戦争戦勝記念事業として、東ルートの道路が拡幅・改修され、これを契機に東ルートが岩倉と京都を結ぶ主要交通路となっていきました。この道には乗合馬車が運行され、また一九二二（大正十一）年には洛北自動車（「京都バス」の前身）が出町柳―三宅八幡間に路線バスを運行し始めました。さらに一九二五（大正十四）年、京都電燈鉄道叡山線が開通、一九二九（昭和四）年には鞍馬電鉄が鞍馬〜出町柳間で開業しました。この結果、これらの交通機関によって岩倉と京都市街が短時間で結ばれるようになり、中央ルート、西ルートともにしだいに寂れていきました。両ルートの道の通行量が再度増えるのは、モータリゼーションの波が押し寄せてからのことです。

以上に見たように、昭和初期頃まで岩倉と京都との往来は簡単なことではありませんでした。これによって京都とその周縁である岩倉との差異は持続され、「京都とは違う場所だが、泊まりがけで行くほど離れているわけではない」という岩倉の地域性が維持されてきたのです。

この地域性が持つ意味は、「岩倉という地域自体が、京都とその外部（丹波・丹後など）との境界だった」とも言い換えられると思います。これから、岩倉全体を境界とみて、そこが辿ってきた歴史を追ってみたいと思います。岩倉という地域全体が「坂」だったという想定です。これは第二章・逢坂でみた山科の位置づけと同じです。

三　境界としての岩倉

中世までの岩倉

岩倉の歴史を辿ると、中心―京都の周縁部、かつ丹波・若狭方面への経路だったという地政学的な位置によってこの地の運命が大きく左右されてきたことがわかります。平安遷都以来、比叡山《ひえいざん》に最澄によって延暦寺《えんりゃくじ》が開かれ興隆すると、そこの南西の麓という地の利を得て、大雲寺などの諸寺が岩倉に営まれました。大雲寺はその後の岩倉の歴史に大きな影響を与えた古刹《こさつ》です。この寺は紫式部の曾祖父・藤原文範《ふみのり》の創建と伝えられ、紫式部も訪れたことがあるようです。『源氏物語』で、光源氏が少女であった若紫を見初める場面がありますが、このとき光源氏が参籠した「北山のなにがし寺」は、大雲寺がモデルだという説(11)もあります。

しかし、天台座主《ざす》の地位をめぐって山門派（延暦寺）と寺門派（園城寺《おんじょうじ》）が激しく対立するようになると、園城寺（三井寺）に逃れた寺門派の一部が大雲寺にも逃げ込み、大雲寺は比叡山から降りてくる山門の僧兵に何度も攻められ、焼かれたため次第に衰微していきました。

衰えた大雲寺を管理していたのは実相院でした。この寺は天台宗寺門派の門跡寺院(12)の一つで、寺伝によると一二二九（寛喜元）年開山され、洛中の五辻《いつつじ》通小川（現上京区実相院町）にあったのですが、応仁・文明の乱（一四六七～一四七七）の戦火に追われ、岩倉に移転しました。当時実相院が、衰微していた大雲寺の寺務を執《と》っていたことからその境内地に移ったのです。しかし、戦火は岩倉にも及んできました。

岩倉武士団の活動

応仁・文明の乱の後、一時勢力を強めた室町幕府の管領《かんれい》・細川政元の部下に香西元永《こうざいもとなが》という武士がいました。一四八四（文明十六）年十一月、香西軍が松ヶ崎まで進出してきたとの情報が岩倉に伝わりました。当時岩倉には西川氏、山本氏、伊佐氏などの武士団が勢力を持っていたのですが、彼らは小倉山や入亀山など岩倉盆地内の小高地に陣を張り、香西軍を迎え撃つ体制をとります。その後香西軍と岩倉武士団連合軍は市原付近で遭遇して合戦となり、奮戦した岩倉連合軍が勝ったようです。敗れた香西軍は京都に撤退しましたが、岩倉側にも四十名余の死者が出た、などと記録されています。(13)香西がなぜ岩倉を攻めようとしたのか詳しい理由はわかりませんが、この地を押さえることに戦略的意味を認めていたことは間違いないでしょう。

岩倉では平安時代以来の大雲寺などの所領（荘園）が、中世になると地域の土豪（国人）に次第に侵略されるようになっていましたが、在地の有力農民が土豪化したのに加え、その後ろ楯として外部から武士が岩倉に入ってきたのです。山本氏は香西軍と戦うため西川氏の同盟軍として岩倉入りしたと伝えられていますが、元々近江《おうみ》・甲賀を本拠地としていた武士です。また近江佐々木氏の被官だった伊佐氏も、一四一〇（応永十七）年から岩倉に居住し始めたとされています。これら近江にルーツを持つ武士たちにとって、岩倉は彼らの武力を発揮し活躍できる舞台と映ったのでしょう。

なお山本氏はこの後岩倉武士団のリーダー格となり、小倉山（現岩倉長谷町、中在地町。最高点は一五七メートル、麓からの比高約四〇メートルの小山）に本格的な山城を築いて本拠地としました(14)。この時期岩倉には他にも多くの山城が築かれましたが、その痕跡は今も見ることができます(15)。

山本氏が岩倉武士団の中心となり有力化したことは、戦国期に岩倉での戦火が度々起こったことの一因となりました。中央政界ではその後十二代将軍・足利義晴と管領・細川晴元《はるもと》が対立し、一五四六（天文十五）年頃から両派が京都における主導権を奪いあいました。山本氏は晴元側についていたらしいのですが、同年十月、義晴側の細川国慶《くによし》が率いる一万もの軍に攻められました。このとき、日野富子によって一四七四年に再建されていた大雲寺灌頂《かんじょう》堂をはじめ、岩倉の寺社や多くの農家が兵火に焼かれたといいます。その後晴元は家臣の三好長慶《ながよし》に実権を奪われ、短期間ですが摂津芥川城《あくたがわ》（現大阪府高槻市）および河内飯盛《いいもり》城（現大阪府大東市、四条畷市）を本拠とする三好長慶政権が畿内を支配しました。この時期にも岩倉は三好軍に攻められています。『言継卿記《ときつぐきょうき》』(16)天文二十年三月二日条には、三好勢二万の大軍が岩倉に押し寄せ「三好人数岩蔵山本館《いわくらやまもとやかた》に取り懸かり悉《ことごと》く放火す」と記されています。山本勢はそれでも屈服しなかったらしく、同年九月四日三好勢が再度来襲し、七日間岩倉に留まって大雲寺などの堂舎や民家を焼き、稲を刈り取ったといいます。この結果遂に山本氏は三好に従いましたが三好の天下も長続きせず、長慶の死後織田信長が台頭しました。信長は入京した後、帯同してきた足利義昭を室町幕府十五代将軍としたのですが、間もなく両者は不和となりました。岩倉山本氏は義昭側についたため、怒った信長は山本尚俊を近江高島で謀殺しました。尚俊の子尚治は明智光秀の家臣となり、山崎天王山の合戦で討死したと伝えられています。また伊佐家でも当時の当主重綱が明智に従い、同じく天王山合戦で戦死したとされています。

中世末から戦国期にかけての岩倉は、京都を主舞台とする戦乱の余波に巻き込まれ、たびたび戦火に焼かれました。このことは武家にとって岩倉を押さえることが戦略的に大きな意味を持っていたためでしょうが、岩倉の農民たちは、戦のたびに家や田畑を焼かれ、荒らされても、息をひそめて隠れるか逃げ惑うしかなかったでしょう。

六つの村々

近世になって、ようやく岩倉にも平穏な時が訪れました。山本氏、伊佐氏などの残党で生き残った者たちは、武士であることをやめ、農民として岩倉で生きていく道を選んだようです。しかし彼らは元武士としてのプライドを持ち続け、自分たちのことを「侍者仲間《じしゃなかま》」と称していました。[17] また、岩倉村が禁裏領になったこととも関係があるかもしれませんが、毎年宇治の上林《かんばやし》家から禁裏にお茶が献上される際、宇治まで出張して茶壺に同行・警備するという業務を担っていました。

ところで、江戸時代、岩倉には岩倉村・長谷《ながたに》村・花園村・中村・幡枝《はたえだ》村・木野村の六村（字）がありました。このうち木野・中の両村は住民が他から移住してきたという歴史や伝承を持っています。まず中村は、下鴨神社との結びつきが強く、元同社の近くに住む神人《じにん》の集落だったのですが、度々鴨川の洪水被害を受けたため、現在地に移転してきたのだと伝えられています。[18] 江戸時代は全村禁裏領でしたが下鴨神社とのつながりを保ち続け、毎年神饌米《しんせんまい》を奉納するほか、村中十一軒の神人は葵祭に出仕し、祭りに使われる葵も調達していました。長谷・花園・中村旧三村の鎮守社は長谷八幡宮ですが、中村（現中町）内に梅ノ宮神社があり、この社は旧地にあったものが住民とともに移転してきたと伝えられています。

木野村のルーツは嵯峨野《さがの》（現京都市右京区）にあります。村民は元々野々宮[19]の近くで「かわらけ」（素焼きの皿）を作っていたのですが、原料の土が枯渇してきたため、良い土がある土地を探し求めたところ、岩倉幡枝付近に良質の粘土（はねつち）が出ることがわかり、一四六七（応仁元）年に移住してきたと伝えられています。その時、野々宮・愛宕《あたご》神社の社務を司る一軒は残留するなど、嵯峨野とのつながりは断ちませんでした。現在でも木野の氏神は愛宕神社（京都精華大学キャンパスの南東）で、これは移住後愛宕山上の本社から勧請《かんじょう》した分社です。村民は農業のかたわら、かわらけ作りを続けたのですが次第に需要がなくなり、第二次大戦中ぐらいに断絶したそうです。

このように岩倉六旧村はそれぞれ独自の歴史と伝承・習俗を持ち、岩倉盆地は小なりとはいえ、一つの世界を形成していたのです。この岩倉全体としてのまとまり・地域性に、大きく見れば京都（中心）と丹波・丹後・若狭など（外部）との中間＝境界という意味が付与されていたのです。

四　里子預かりと精神障害者受け入れ

里子預かり

岩倉が京都から見れば「境界」としての役割を果たし、それが岩倉にとってもプラスになっていた（つまり互《ご》恵《けい》的関係）事例として、二つのことがあげられると思います。里子預かりと精神障害者の受け入れです。まず里子預かりですが、かなり古くから行われていたようです。歴代天皇が度々禁裏領の岩倉に行幸した際、同行した公家たちは岩倉の上層農家に分宿したのですが、そのなかで農民とのつながりができ、里子預かりを依頼したのがきっかけではないかと言われています。[20] 岩倉に里子に出されていた貴族は多く知られていますが、岩倉具視もその一人[21]です。また太平洋戦争敗戦後、戦後処理内閣の首相になった東《ひがし》久《く》邇宮《にのみや》稔彦《なるひこ》王《おう》も幼少時岩倉で育てられました。

また起源はいつごろからかわかりませんが、庶民の子も預かるようになりました。一八一七（文化十四）年三月二十三日付の里子預かりにかかわる契約書が残っていますが、それによると三條大橋東入る北側の海老屋久兵衛の男子で一歳になる長五郎を、岩倉村の中村佐兵衛が一年につき銀五枚半で預かる。実子同様に大事に育てるが、うまくいかない場合はその金を返す、などと約束されています。[22] このような現金収入は岩倉の農家にとっては貴重なものだったでしょう。岩倉は京都近郊農村ですが、上賀茂や北白川の農家がしていたような野菜や花の振《ふり》売《う》り（行商）はほとんど行われませんでした。これは岩倉から荷車で狐坂や檜坂を越えての京都への往来が困難だったことが要因だったと思われます。その点、里子のような形で消費者に岩倉に来てもらい、米や野菜を食べてもらうやり方が合理的なものだったのです。この事は、後にみる精神障害者受け入れの場合にも言えることです。

里子預かりは岩倉だけではなく、近隣地域でも行われていました。一九二四（大正十三）年一月十九、二十の両日、京都府社会課は大量の職員を動員し洛北地域での里子預かりの実態調査を行いました。その結果が『洛北名物里子の話』という冊子にまとめられています。これによると岩倉、修学院、上賀茂、八瀬、松ヶ崎、大原、大宮、鷹ヶ峰、静市野の九村における里子数は、調査時点で計二百五十一名でした。このうち岩倉村が最多で九十八名、全体の四十パーセント弱を占めていました。岩倉村内の字（旧村）別では岩倉四十、長谷二十四、中十八、花園十、幡枝・木野各三名となっています。この統計では「公生」「私生」別に集計されていますが、全体では公生（男）九十三、（女）六十六。私生（男）五十八、（女）三十四。岩倉村では公生（男）三十七、（女）二十九。私生（男）二十二、（女）十となっています。[23] 調査の時点では既に出町柳―三宅八幡間に路線バスが運行し、交通の便が良くなっている[24]こともあって、実の親の現住所は京都だけでなく大阪・兵庫等も少なくありません。「洛北名物」と言われるように、当時この地の里子預かりは有名になっていて、色々な事情や動機を持つ親たちが里子を託していたのです。『洛北名物里子の話』には、「都近くの下鴨よりも子ども育つは岩倉よ」という岩倉に昔から伝わっているという里謡《りよう》も紹介されていて、岩倉の農家が積極的に里子を受け入れていたことがわかります。同書には調査時に岩倉村の高橋村長が語ったこの村に里子受け入れが発達した理由が次のように要約されています。（一部現代表記に直しました）

一、境域あまり広からず、山林は少なく田畑は村境の山林に囲まれた一円の地で、居住の村民は耕作に出ても概ね三度の食事にも帰宅し得るため授乳に便利である。
二、京都との距離も適当にして時々子を訪ねてその状況を詳《つまびらか》にする便がある。
三、また里母が田畑に行っている場合子どもの実母その他縁者の来訪あらば直ちに宅より呼びに来たり里母より詳《つぶ》さに子どもの状況を話して実母等に満足を与え得る便がある。
四、里子が来た時は我子同様の愛をもって迎え、たとえ保育料は送らぬようになっても前同様可愛がり、また子どもはたとえ成長して都へ帰ってその地位が高くなっても、長く縁をつなぎ田舎者である里親を父よ母よと呼び慕うこと。

一〜三については、岩倉が都の外ではあるが遠い田舎ではなく、適度の距離を隔てる近い田舎だったということの地の境界性をよく表していると思います。その内実は、京都の親元からみれば我が子を空気の良い岩倉の農家に託し、会いたい時に会いに行くのもそれほどの手間暇はかからないという利便性、岩倉の農家にとっては自家産の農産物を里子に消費してもらい、養育費も得られるという実利性でした。また上記四に記されていることは、岩倉の村人が単に金銭を得るためにだけ里子受け入れをしていた訳ではないということでしょう。これは二次的な意味づけであるにせよ、受け入れてみれば人としての共感が生まれ、それを岩倉の人たちは大事にするということで、これは次にみる精神障害者受け入れに関しても言えるのではないかと思います。

精神障害者の受け入れ

岩倉の地にいつ頃から精神障害者が寄留するようになったのか、詳しいことはわかりませんが、岩倉の古刹である大雲寺が関わっていることは間違いありません。同寺の伝承「御香水の由来」によると、後三条天皇（在位一〇六八～一〇七二）の第三皇女が「御心常ならず在まし、丈なる御髪をも乱し只（几）帳中にかくれ給ひ近侍の女房はいふに及ばず御父帝にさへも御物がたりをもなし給はず」という状態になった際に「大雲寺観音院の西谷に不増不滅の霊池三井寺閼伽井《あかい》の水源あり、日々にこの霊泉を敬服せしめ昼夜観世音に御祈誓《きせい》まいらせたれば、皇女の御心日々に清々しく不日に御平癒あらせら」れたのだと記されています。この「由来」は後世のもので、大雲寺に精神障害者が参籠するようになってからのいわば効能書きのようなものと思われ、後三条天皇皇女の精神疾患平癒をきっかけに、同寺への精神障害者の参籠が始まったわけではありません。だいいち、中世の大雲寺はたびたび戦火に見舞われ、病者が病の平癒を願って逗留するような環境ではありませんでした。同寺に病者が参籠した記録として最古とされているのは、一七〇六（宝永三）年の大雲寺の記録にみられる山端《やまばな》村の嘉平衛という人の話です。彼は鉈《なた》が眼に当たって失明し怪我の後遺症にも苦しんでいましたが、一六九七（元禄十）年大雲寺観音に参籠して読経に励んだところ、両目が開き見えるようになったといいます。当初は眼病患者が参籠したようです。一七〇九（宝永六）年には参籠人のための本堂参籠所や滝垢離場《たきごりば》が新設されているので、十八世紀初め頃から大雲寺への病者の参籠が盛んになったとみられます。[25]

岩倉の狂女恋せよ子規《ほととぎす》

という句を与謝蕪村《よさぶそん》が詠んだのは一七七三（安永二）年であり、この頃には岩倉と精神障害者が結びつけて見られるようになっていたようです。一七八〇（安永九）年刊『都名所図会』所収「北岩倉大雲寺」図には境内にいくつもの「こもりや」が記されていますが、これらは地元の農家が設営した「茶屋」であり、参籠している病者の賄《まかな》いを提供し、宿泊所ともなっていました。茶屋を設置・経営していたのは「公人法師」という岩倉の本百姓仲間組織に属する農家で、以前から檀家を持たない大雲寺を支える活動をしていたのです。

しかし江戸時代には大雲寺の運営権は実相院が握っていたため、茶屋の監督権も実相院が持っていました。大雲寺に参籠する者には実相院が鑑札を発行し、下山の際には回収する形で参籠者を把握していたので、大雲寺の衆徒（寺僧）や茶屋（公人法師）は実相院の指示に従わなければなりませんでした。実相院は大雲寺の参籠所（籠堂《こもりどう》）が満員の場合以外は茶屋に参籠者の宿泊を禁じていましたが、参籠者が増えるにつれ籠堂は常時満員状態になったためか、茶屋での参籠者の宿泊（逗留）が常態化していったようです。文政年間には大雲寺籠堂が茶屋に譲渡されるということもあり、茶屋は病者受け入れの中心的存在になっていきました。

大雲寺に参籠する病者の世話をしたのが「強力《ごうりき》」と呼ばれる介護人です。当初病者の付添い・介護は家族が行っていましたが、しだいに専門の介護人である強力がそれに代わるようになっていきました。彼らは病者が動きまわらないように足鎖を用いるなど、今日からみれば虐待に近い行為もあったようですが、全体としては家族から「病者を預けてもよい」という信頼を得るに足りるレベルの介護を行っていたようです。家族が自宅で看護する大変さを思えば、かなり高額の出費を伴うとはいえ岩倉の茶屋および強力の存在は有難いものだったでしょう。こうして幕末までには四軒の大雲寺境内常茶屋をはじめとする茶屋が、精神を病む人たちの受け入れ・滞在先として確固たる地位を占めるようになりました。

近代医療と保養所

しかし、明治維新により状況は一変しました。廃仏毀釈《はいぶつきしゃく》ともかかわり、実相院は領地の大半を上知《じょうち》させられた上、門跡制も廃され無住となるなど衰退しました。茶屋は実相院支配からは脱したのですが、一八七二（明治五）年、京都府は英国人医師ヨンケル・フォン・ランゲリックを招いて粟田口青蓮院《しょうれんいん》に仮療病院を開き、明治八年には南禅寺山内に「京都癲狂院《てんきょういん》」が開院しました。この結果、京都府から岩倉村戸長に対し「狂人を受け入れることを差し止めるよう」命令が出されたのです。こうして茶屋は経営危機に陥りましたが、一八八二（明治十五）年には京都癲狂院は経営難などのため早くも閉鎖されました。

一八八四（明治十七）年、大島甲子太郎《きねたろう》を院長とする岩倉癲狂院が設立され、岩倉での精神障害者に対する近代医療が始まりました。この病院は明治二十五年には私立岩倉精神病院、同三十八年には岩倉病院となり、明治末には日本有数の精神病院に発展しました。初代院長の土屋栄吉は、近代医療を基本としつつも岩倉に根付いた茶屋を医療体制の一部として存続させる方針をとりました。一九〇〇（明治三十三）年に精神病者監護法が制定され、自宅以外の民家で精神病者を監護することは禁止されたので、茶屋も病院の医療体制に組み込まれるほか生き残る方途はなかったのです。土屋院長が院外の療養施設を評価したのは、当時日本の精神医療の第一人者であった呉秀三《くれしゅうぞう》（東京帝国大学教授）[26]がヨーロッパに遊学した際、精神疾患の治療に家庭的看護が有用であることを学び、帰国後それを提唱したことにもよります。呉は岩倉の茶屋での看護を高く評価し海外にも紹介したため、外国の医学者も相次いで岩倉を訪問するようになりました[27]。彼らはヨーロッパで伝統的に精神障害者を一般家庭が受け入れているベルギーのゲール（ギール／ヘール）と岩倉を対比し、「西のゲール、東の岩倉」などと評価したため、岩倉での精神障害者の家庭的看護は海外でも知られるようになっていきました。

なお、ヘールには中世以来の伝統をもつ聖ディンプナ教会があります。そこに伝わる聖ディンプナが狂気を克服したという伝承[28]に由来して、古くから精神障害者の巡礼が集まっていました。聖ディンプナ教会にはノベナと呼ばれる九日間の礼拝プログラムがあり、その間の滞在や前後の逗留をヘールの住民が自宅で受け入れてきたのです。滞在費は「貧者の食卓」という救貧組織が負担する仕組みができ、精神障害者を受け入れるヘール住民も収入を得ることができたのです。[29]

さて岩倉では、大正末頃から茶屋は「保養所」と呼ばれるようになり、その数も増加しました。昭和初期には全盛期を迎え、一九三四（昭和九）年には約八〇〇名（岩倉病院四七〇名、保養所三二〇名）の精神障害者が岩倉に集まっていたといいます。[30]保養所に滞在する患者は朝のラジオ体操、散歩などの日課のほか、まき割りや風呂沸かし、掃除、畑仕事などの仕事を分担するなどして過ごしました。彼らは岩倉病院の医師による診察・治療も受けていました。精神病院での治療と、保養所での共同生活とが共存していたのです。元バプテスト教会牧師で、一九二三（大正十二）年に妻とともに保養所を開業し、一九三七（昭和十二）年に千五百坪の敷地をもち家畜小屋、畑、テニスコートもある保養所を開設した渡辺謙助氏や、「精神薄弱児」施設・白川学園から頼まれて重度の知的障害児を常時預かっていた村松保養所のような取り組みもみられました。[31]このような岩倉における精神障害者の「家庭看護」が終わりを迎えるのは、太平洋戦争中から深刻化した食糧難のためです。岩倉病院の入院患者が栄養失調のため相次いで死ぬようになり、保養所でも同様で患者を預かることが困難になり始めたところに、戦争末期に軍部から岩倉病院や保養所などに明渡し命令（軍需工場の工員宿舎にするため）が出されました。このようにして、敗戦時には岩倉の精神障害者受け入れは崩壊に瀕したのですが、一九五二（昭和二十七）年に岡山保養所がいわくら病院に、一九五四（昭和二十九）年に城守《きもり》保養所が北山病院として発足し、[32]以後順次増床して現在の医療体制に移行したのです。戦後保養所には家族同様になっていた精神障害者が若干残っていたようですが、一九五〇（昭和二十五）年精神衛生法施行に伴い、役所から患者を引き渡すように命じられ、病院などに引き取られていったといいます。[33]

五　京都からみた岩倉

黄色い救急車

戦後間もない一九四六（昭和二十一）年八月、京都西陣で生まれた筆者は、一九五〇〜六〇年代に同地で児童・青年期を過ごしました。子どもの頃、友達と遊んでいて喧嘩になったとき、「お前ら（なんか）岩倉行きや！」と言いあったのを憶えています。また誰かを嘲《あざけ》ったり罵《ののし》るときには、「岩倉から迎えが来るぞ」とか「黄色い救急車が来るぞ」などというのが常套句《じょうとう》でした。「黄色い救急車」とは当時精神病者を「きちがい」「キジルシ」などと差別的に呼んでいたことから誰かが言い出したものだと思います。

林屋辰三郎著『京都』（岩波新書　一九六二年初版）に次のような一節があります。

京都の人は岩倉行きをあまり好まない。それは東京の人のいう松沢行きと同じように、岩倉には精神病院があるからだ。そのせいもあるのか岩倉のことはあまり知られていない。岩倉の精神病院というのは、一つの大きな病院があるのではない。三つも四つも、いわば精神病院の集落なのであった。（中略）こんにちの病院は、まことにこの大雲寺への道にそって、病棟の群列をつくっている。つまり、一見しても明らかなように、かつての宿坊の転変した姿なのであった。（中略）法会の行われる堂の前に、近代的設備をほこる鉄筋コンクリートの病棟が立っているのは、まことに奇妙な対照である。特にその窓の内側にいかめしい鉄格子がはめられているのが、外からもはっきりうかがえるのは、まことにいたましい。王朝とはちがうが、現代もまた、科学の発達が人間のかよわい精神を圧倒して、多くの精神異常者がここに送り込まれてくるのであろう。「おくすべ」と鉄格子と、それは決してとけあわない古代と近代との対照である。古代と近代がみごとにつながるのが、京都のもつ味わいであるが、ここではまったく対立した異様な隔絶となってしまっている。それは京都的対照でありながら、京都的習合にはなっていないのである。それにしてもいったい、鉄格子のなかからどれだけの人が解放されるのか、電気衝撃によってどれだけの人が魂をとりもどしたのか、なにか近代医学への不安にもとりつかれる。わたくしは歴史散歩の最後に、王朝いらいかわらぬ現代の日陰をものぞいた。そして人間のこころのやすらぎのためには、鉄格子のない王朝の宿坊や、電気衝撃ならぬ宗教のすくいにもいささか魅力を感じたのである。

岩倉住人の反発

林屋著『京都』はベストセラーになり、今日まで五十刷以上の版を重ねていますが、この岩倉にかかわる記述を、岩倉の人や入院患者さんが読んでどう思うのか気になるところです。このような「京都から見た岩倉」像に対する岩倉側からの反発?として、次の一文をあげておきます。

興《こ》ノ岩倉村ヲ世ノ人ハ唯ダ一言ニ精神病者トノミニ言フニ至ツテハ以テノ外ノ誤リナリ然レドモ近時興事ヲ知ルモノハ兵士ニアリ如何トナレバ毎年春夏秋冬各師団ノ演習又ハ行軍ノ往復アル毎ニ必ズ本村大字岩倉ノ地ニ立寄リ宿泊、夜営、休息、昼食等ヲ為シ宿泊スル兵士ハ本村住民ノ待遇誠意ノ厚キヲ殊ノ他満足シ人情ノ朗ラカナルコトヲ知リ随テ自然帰営帰隊ノ後チ親族知友トノ談話ノ端ニ上リ其待遇ノ厚カリシヲ覚ヘ之レニ衣《よっ》テ反《かえっ》テ遠隔ノ地ノ人々岩倉ヲ知ルモノ廣大トナリ又タ帰隊ノ後チ謝意ヲ表シ来村訪問シテ相互交際ヲ為スモノアリ是レ自ラ本村岩倉ノ良地ヲ知ラルゝ故ナリ（山本興三郎『愛宕郡岩倉村概誌』一九一八年）

戦国期に岩倉武士団の首領であった山本氏の末裔《まつえい》である山本興三郎氏が、一九一八（大正七）年に手書きで記した岩倉村地誌の一節です。当時も「世の人」は岩倉といえばすぐ精神病者と結びつけて見る風潮があったようですが、これが誤りであることをよく知っているのは兵士であるとしています。彼らが演習等で岩倉に滞在した際、地元の人々に厚遇され人情厚き地であることを知り、帰隊（郷）後そのことを周囲の人たちに話すので、かえって遠隔地の人たちに岩倉の良さが知られていると述べています。

このように、岩倉の住民にとって精神病院の存在は、外からの岩倉評価に「マイナスイメージを付与してしまうもの」として気になるものだったという側面は否定できないと思います。しかし、今ではそのような負の位置づけを乗り越える取り組みが、精神科病院と地域の連携として進められています。このことについては、後で改めて見ることにします。

六　境界のなかの境界

岩倉の茶筌師村

岩倉が京都からみれば周縁部、すなわち外部（丹波・丹後・若狭など）との境界であったという位置付けについては既に何度も触れました。この「境界＝岩倉」の内部には、さらに岩倉・中・長谷・木野などの旧村があり、それらの境界がありました。これら旧村の境界は、岩倉全体の「境界」性とはまた違う意味をもつ境界ですが、やはり境界特有の意味を持つ場でした。岩倉のことをより詳しく見るために、これから岩倉のなかでの境界についても見ていきたいと思います。具体的には、旧岩倉村と旧中村の境界にあった「茶筌師村《ちゃせんしむら》」について考察していきます。

私は岩倉・木野にある京都精華大学に勤務するようになってから、岩倉について学ぶなかでずっと気になっている一つの史料がありました。それは次のような史料です。

一、鉢たゝき
当村弁中村領境ニ、除地・無本寺苔巌寺境内、東西平均拾間四尺三寸七分、南北平均弐拾九間之内二、三間四面之空也堂建来り候処、元禄年中庚午年、大風ニ潰畳レ之置申候。外ニ居宅五軒、人数合拾九人、内男八人、女拾壱人有レ之。尤往古より空也流無常念仏勤来り申候。平生内職ニ茶筌致、住居仕候。
苔巌寺一臈ハ空証

一、かねたゝき　無レ之
一、非人番　壱人
壱ヶ年ニ米四斗、麦一石五斗遣レ之。毎朝家々相廻候。
一、穢多　無レ之
一、煙亡　無レ之

〔表紙―寛保三年　禁裏御領山城国愛宕郡岩倉村差出明細帳　亥六月〕
（片岡与吉家文書）
（京都部落史研究所編『京都の部落史　史料近世1』一七二頁）

この史料に記されていることは大要次の通りです。

「鉢たたき」

当村（岩倉村）と中村の境界に除地《じょち》（無税地）になっている本寺を持たない寺・苔巌寺《たいがんじ》（又はこけいわでら）がある。境内は東西平均約十九・六メートル、南北平均約五二・二メートルの敷地に、約五・四メートル四方の空也堂が建っていたが、元禄三（一六九〇）年の大風で倒壊しそのままになっている。他に居宅が五軒あり、男八人、女十一人計十九人が住んでいる。彼らは昔から空也流の無常念仏を勤め、平静は内職に茶筌（筅）を製造販売している。苔巌寺の一臈《いちろう》（住職にあたる）は空証《くうしょう》。

「かねたたき」は、いない。

「非人番」は一人いて、一年に（村から）米四斗、麦一石五斗支給している。毎朝村の各戸を廻る。

「穢多《えた》」、「煙亡《おんぼう》」は、いない。


この史料は、村から京都奉行所宛に一七四三（寛保三）年に差し出された「村勢要覧」のようなもので、この部分は岩倉村内に住む当時の被差別身分の人たちについて記されています。このうち「鉢たたき」というのは、空也を祖とする念仏集団で、鉢（瓢簞《ひょうたん》）をたたき念仏を唱えながら市中を歩きますが、その際茶筅（筌）を売り収入源にしていました。茶筅は抹茶だけではなく粗製の煎茶をいれるときにも使われ、庶民にも需要があったのです。彼らの本拠地は京都堀川蛸薬師《たこやくし》東に現存する空也堂で、そこには剃髪し出家した僧がいましたが、周辺に有髪の鉢たたき＝茶筅師が家族とともに住んでいました。岩倉・中村境にあった苔巌寺はおそらくそこから分かれたもので、僧が一人（当時は空証）いてその周辺に鉢たたきが住むという空也堂と同様のかたちをとっていたようです。なお、「非人番」が一人いると記されていますが、元禄期頃から京都周辺の農村が番人を雇うようになったらしく、[34]村境の出入りの警備の他、村の雑用などを行っていました。史料に記されている給米（麦）は、それらへの報酬として村から支給されていたものでしょう。この「非人番」は、前からいた「鉢たたき」のうち一人をそれに充てたのではないかと推測されます。

古地図にみえる茶筌師村

さて、問題は、この「苔巌寺」および鉢たたきの居住地がどこにあったかということです。手がかりになるのは旧岩倉、中村境ということと、南北にやや細長い敷地の形状ぐらいしかありません。私はここで行き詰っていたのですが、ある時大学の同僚の小椋純一さんから重要な資料の所在を教えてもらいました。小椋さんは「植生景観史」が専門で、土壌を分析して微細な花粉や種子などを調べるなどして、どの時代にはどんな植生景観が拡がっていたのかといった研究をされています。その必要上古地図にも詳しく、私の質問に「こんな地図があるよ」と教えてくださったのです。その古地図は、「宝永洛中洛外図」（京都府立総合資料館所蔵）というもので、一七〇五（宝永二）年に京都の大工頭《だいくかしら》・中井家によって作成されたものです。この図もそうですが、江戸時代に中井家によって作られた洛中洛外図は行政地図として用いられたので、厳密な縮尺等はともかく、位置関係などはかなり正確です。この図の中央に細長く描かれている集落が長谷村・中村、田畑を隔ててその西に描かれている集落が岩倉村です。その両集落の中間、入亀山《いりかめやま》の北に丸い小集落が描かれており、その上に「茶筌師」との書き込みがあります。この小集落が、鉢たたき＝茶筌師の住んでいた村であることは間違いないと思われます。

こうして、今までは文書史料だけで知られていた岩倉の鉢たたき＝茶筌師村が、絵画史料でも確認できたのです。私は他にも茶筌師村が記された古地図がないか探したところ、二点の古地図に茶筌師村が記されているのを見つけることができました。

まず宝永洛中洛外図と明らかに同じ位置に「茶筌師」村が描かれているのが、「天明六年洛中洛外図」です。この図は一七八六（天明六）年の作図ですから、前の宝永図から八十一年後にも茶筌師村が存続していたことが確認できます。次に、宝永図を遡ること四年前の、一七〇一年に作図された「元禄十四年実測京大絵図」（慶應義塾大学文学部古文書室所蔵）にも茶筌師村らしい集落が確認できます。

ただし、この図では「茶筌師」との書き込みは、集落の図表記からだいぶ北の上長谷村の北西にあります。こ

宝永洛中洛外図（部分）（中井家旧蔵、京都府立総合資料館所蔵） 長谷村と岩倉村の中間に描かれた丸い島状の集落（中央左下）が茶筌師村。「茶筌師」との表記がある。

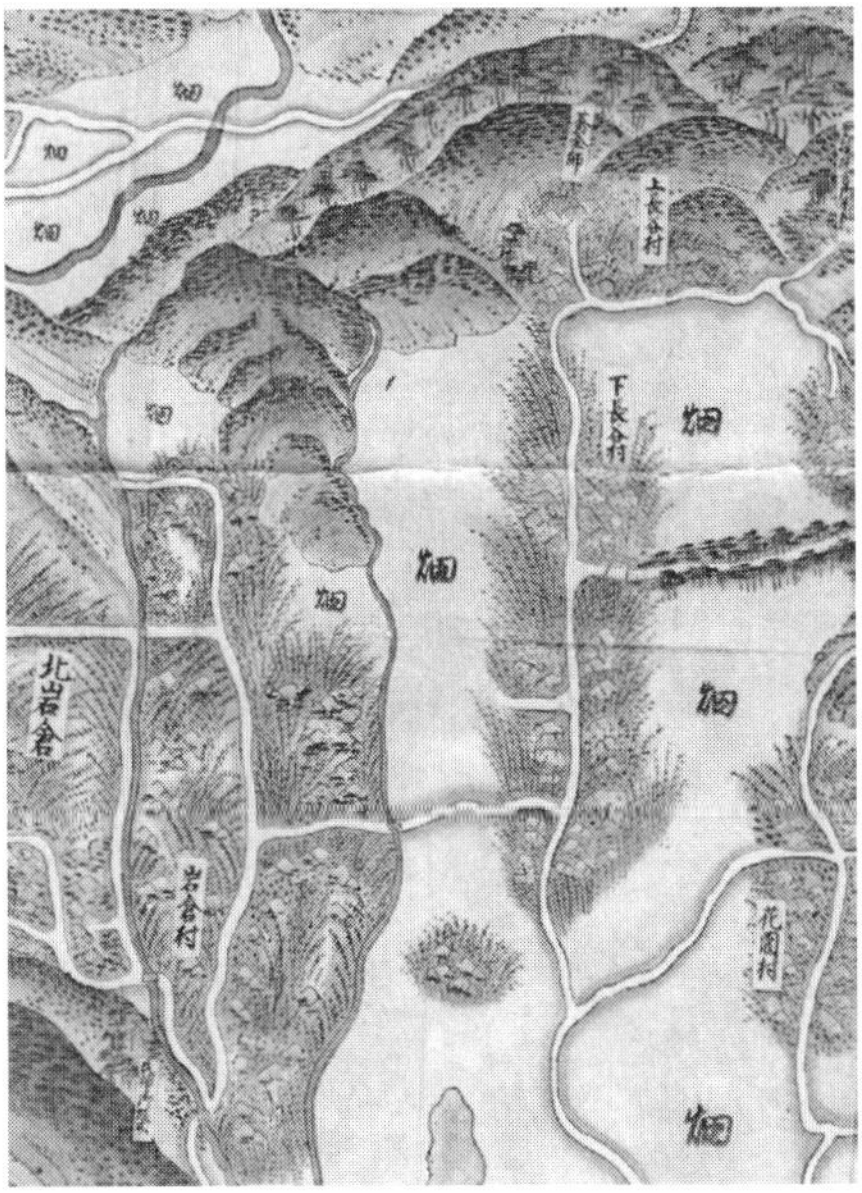

元禄十四年実測京大絵図（部分）（慶應義塾大学文学部古文書室所蔵）

れをどう解するかですが、書き込みは貼り紙らしいので、貼る位置を間違ったものとみれば[35]一七〇一年時点で茶筌師村は存在したことになります。こうして絵画史料と文書史料を合わせると、文書中に記されている元禄三（一六九〇）年――空也堂倒壊という情報がもっとも古く、続いて一七〇一（図）、一七〇五（図）、一七四三（文書）、一七八六年（図）という五時点で茶筌師村が存在したことを確認できます。元禄三年は以前からあった空也堂が倒壊した年なので、それ以前から集落があったことは間違いなく、おそらく百年間以上は存続していたと思われます。

茶筌師村の比定

さて、この茶筌師村があったのは現在のどの位置なのかという問題に移ります。三つの絵図ともに、描かれている位置はほぼ同じで、中村と岩倉村の中間（村境）、中村と岩倉村を結ぶ道路の南、入亀山の北という位置関係から、現在中町（旧中村）の墓地がそれにあたることは間違いありません。ここは現在岩倉忠在地《ちゅうざいじ》町になっていますが、これは近年行われた区画整理の結果で、それ以前は岩倉中町に属していました。前にも記しましたが旧中村は上賀茂神社にゆかりがあり、現在中町墓地にあるお墓の石塔は大部分先が四角錐になっている神道式のものです。墓地の敷地は中町の鎮守社である梅宮神社（宗教法人）の所有地になっています。いつから旧中村の墓地になったのか、茶筌師村が廃絶したのはいつ頃なのかは史料が見つからないため現時点ではわかりません。ただ、一八七一（明治四）年に京都府宛に出された「愛宕郡中村明細書上」に中村墓地の付図が記されていて、形状などからみて前に茶筌師村があった場所と思われるので、江戸時代の後期に茶筌師村は廃絶し、その跡地が中村墓地になったことは間違いありません。

ところで、現中村墓地内には基盤岩（チャート）の小高地（比高二メートル弱）があり、風化が進んだその表面には苔が生えています。ここで想起されるのは、茶筌師村にあったという「苔巌寺」です。この寺はなくなって久しいのですが、「苔巌」が寺名の由来だとすれば、それは今も健在なのです。なお、「苔巌寺」「茶筌師村」のことは、現在ではまったく地元に伝承されておらず、忘れ去られています。[36]

中町墓地内「苔巌」の現況

岩倉と後水尾上皇夫妻

旧岩倉、中村境界にあったという茶筌師村についてもう少し見ておきたいと思います。ここは基盤岩（チャート）が地表面に出ていますので、平坦地でも土壌は薄く、少し掘ればすぐ岩が出てくるという土地です。したがって耕作地にするには適していません。周囲よりやや高いという地盤高も、水利という点を考えれば不利になります。また住宅地にするにも、岩盤が浅く水はけが悪いので適していません。このように、農地にも住宅地にもしにくいということは、利用価値が低かったということです。しかも村境という場所は、どちらの村にも属さないという位置ですから両村とも直接的な関心がなかった土地だったと言えます。このような土地は、被差別身分の人たちの居住地になる例が多くあります。柳田國男は、「其村ノ地域中最モ不用ナル空間ヲ占ム。例ヘバ村境ノ原ノ中、山林ノ外レ、湿地川原ノ如キ多クハ耕地ニ不利ナル物陰ノ地ニシテ、見馴レタル者ハ村ノ外見ニテ此徒ノ住地ナルコトヲ知リ得」[37]と記していますが、「村境」「湿地」「耕地ニ不利」と言った点は岩倉茶筌師村にもあてはまります。

茶筌師＝鉢たたきがこの地に住むようになった経緯は今はわかりませんが、彼らと岩倉を結びつける接点として、後水尾《ごみずのお》上皇（一五九六〜一六八〇。天皇在位は一六一一〔慶長十六〕〜一六二九〔寛永六〕）と后の東福門院（徳川秀忠の娘・和子）の影が見え隠れするのです。

後水尾上皇夫妻は岩倉をとても気に入り、娘の女三の宮に与えたものを含め、岩倉に四つも別荘・山荘を持っていました。(38) 有名な修学院離宮が一六五九（万治二）年に完成したあとも、岩倉には何度も足を運び、逗留しています。後水尾上皇夫妻にかかわる記録・伝承は岩倉に多く残っており、例えば長谷八幡宮の本殿は、荒廃していたものを東福門院の寄進により再建されたと伝えられていますし、実相院にも後水尾の宸筆《しんぴつ》などが遺されています。旧中村の起源についても、同村は元上賀茂神社の神人集落として同社の近くにあったものが、度重なる鴨川の水害に悩まされ、後水尾天皇の許可を得て現在地に移転したと伝承されています。(39)

鉢たたきとのつながりですが、後水尾上皇の子・霊元《れいげん》上皇が修学院離宮に御幸したとき、「御慰として鉢敲《たたき》二人参、青竹を切、それより段々仕上げ茶筅に仕立、叡覧《えいらん》に備」えたとの記事や、後水尾上皇自身の葬儀に際する中陰《ちゅういん》(40)の諷経《ふぎん》(41)にも鉢たたきが参列した記録があります。(42) また、鉢たたきの本拠地である京都堀川蛸薬師の空也堂にも、寛永年間に同寺が現在の地に再興されたのは東福門院の発願によるとの伝承があるのです。

このように間接的な史料ばかりなので、直接立証はできないのですが、後水尾上皇夫妻と鉢たたき＝茶筌師とのつながりがあったとすれば、岩倉の人たちが、外から来た鉢たたきが村境に住みつくのを認めた（黙認？）理由もよくわかるような気がします。

七　松ヶ崎と狐坂

境界集落・松ヶ崎

さて、狐坂に話を戻したいと思います。狐坂は岩倉と京都を隔てる坂ですが、その地元は松ヶ崎です。松ヶ崎にも「境界的集落」として数奇な運命を刻んできた歴史があります。この地は比叡山のお膝元として天台宗の影響下にありましたが、松ヶ崎歓喜寺の住職だった実眼《じつげん》が都で日像《にちぞう》（日蓮の弟子）の説法を聞き、心服して日蓮宗に改宗。村人にも改宗をすすめましたが拒まれたため、日像を直接村に招き説法してもらったところ、全員が改宗を決意し、寺名も妙泉寺（現在は湧泉寺）にあらためたといいます。一三〇六（嘉元四）年のことです。この頃京都では、日蓮宗（法華宗）が広まり、応仁・文明の乱前後には洛中に本山だけで二十一ヶ寺を数えるほどで、京都は「法華の巷《ちまた》」といわれました。法華信徒は時節柄武装するようになり「法華一揆」と呼ばれました。こうした法華信徒の京都制圧への反撃として戦われたのが天文法華《てんぶんほっけ》の乱（一五三六・天文五年）です。山門（延暦寺）勢は近江の六角氏や京都の反法華の大寺院を味方につけ、七月二十二日早朝、松ヶ崎城（松ヶ崎集落の北方山中にあった山城）を攻めました。六角勢は洛中に攻め込み放火したため、応仁・文明の大乱で荒廃していた京都はさらに焼け跡を拡げました。この時松ヶ崎の農民は岩倉に逃げたと伝えられています。このような「法難」があったにもかかわらず、松ヶ崎の人たちは法華信仰を捨てず、その後も全村日蓮宗を維持してきました。現在でも送り火「妙法」や「題目踊り」などの伝統行事を実施・維持することを主目的に、財団法人松ヶ崎立正会が活動しています。

法華信仰と妙法

お盆の八月十六日に五山送り火の一つとして点火される「妙法」ですが、江戸時代以前に始まったにしては「妙」が左側にあるのが疑問点です。これは先に「妙」字の火床が松ヶ崎西山に作られ、後に「法」字が追加されたのですが、西山の西には適当な山がないため、松ヶ崎東山に「法」字の火床が設けられたのです。松ヶ崎で先に西山に送り火が点されるようになったのは、西山に松ヶ崎の墓地があることと関係があると思うのです。

大文字送り火は、今や京都の夏を代表する観光行事になっていますが、元々はお盆に帰ってきた先祖霊を「あの世」に送り返すための宗教行事です。松ヶ崎の人たちは、西山の麓にある先祖の墓地を意識して、その上の山腹に「妙」の字を点し始めたのではないでしょうか。このように考えると、松ヶ崎西山の麓を縫う狐坂は、清水坂と同じようにこの世とあの世の境という意味も持っていたことに気づきます。

八　岩倉の近代化と狐坂の変貌

住宅地化の進展

岩倉では、先にみたように明治中期から「東ルート」に設置された郊外電車やバス交通などにより、次第に京都市内との交通が便利になっていきました。昭和初期（三〜四年）同志社高等商業学校（現同志社中学・高等学校）に岩倉南部の水田約六万四千坪が売却されましたが、これは岩倉の農家が土地を手放し換金する先駆的事例でした。同じ頃、鞍馬電鉄の山端《やまばな》―市原間が開通し、岩倉から出町柳（鴨川北大路橋畔）まで電車で行けるようになったことがきっかけとなり、まず八幡前《はちまんまえ》駅周辺（現岩倉三宅町付近）で住宅地化が始まりました。しかし住宅地開発が本格化するのは高度成長期以後のことです。特に一九六六（昭和四十一）年五月、国立京都国際会館が開館、ホテルなど関連施設の整備も行われたこと[43]によって郊外住宅地としてのイメージが高まり、住宅地開発が急速に進みました。また公営住宅団地の建設も盛んに行われました（府営岩倉団地・同長谷団地・市住宅供給公社村松テラスハウス等）。この結果学齢期の子どもがいる世帯が急増、従来の明徳小学校一校では対応できなくなり、一九七四（昭和四十九）年明徳小学校北分校が開校、翌年岩倉北小学校として独立しました。また一九八四（昭和五十九）年明徳小学校南分校が開校、これも翌年岩倉南小学校として独立校となりました。一九六八（昭和四十三）年には京都精華短期大学（現京都精華大学）[44]が木野に開校され、学生向けのアパート建設が盛んに行われました。[45]

伝統的な暮らしの変化

こうした外部からの急激な人口流入に加え、岩倉での伝統的な暮らしのあり方も大きく変化していきました。農作業は機械化が進み、人力で助け合って行ってきた作業は廃れていったのです。井戸水汲み・まき割り・風呂沸かしなど、かつては保養所に寄留していた精神障害者が分担していた作業も必要がなくなり、洗濯機・炊飯器などの家電製品の普及により家事の様相も変わりました。またテレビが各戸に入ったことによって大人の娯楽や子どもたちの遊びの様相も急速に個別化していきました。こうして岩倉で長年続いてきた近郊農村としての生活様式は根本的に変化し、農家の収入も京都へ通勤して得られる給与やアパートの家賃が中心になっていったのです。

境界・狐坂の消滅

岩倉と京都を結ぶ交通路が多様化していくなかで、一時期寂れていた「中央ルート」（狐坂越え―岩倉内では八丁街道）が再び重視されるようになっていきました。一九六五（昭和四十）年国立京都国際会館の開館に先立ち宝ヶ池通（岩倉下在地町《しもざいじ》―宝ヶ池隧道―北山通。延長二・三キロメートル）が開通、京都市内と岩倉を結ぶ最短の自動車道として利用価値が高まったのです。しかし、この章の最初に記したように、狐坂を越すときのヘアピンカーブが自動車交通の難所として大きな問題になりました。岩倉地域の自治連合会など地元からは、この箇所の改修が何度も京都市宛に要望されています。二〇〇三（平成十五）年～二〇〇六（平成十八）年、京都市の事業として狐坂新道工事が行われました。旧道の上を高架橋で越える車道を新設し、旧道は歩行者・自転車専用の遊歩道に変えられることになったのです。総工費約十二億円、四年間を費やしての大事業でした。高架橋の橋脚は遊歩道からの景観に配慮して本数を最小限かつスリムなものとし、車道の柵も低くして車からの眺望がひらけるように等の工夫がされました。

私は京都市西京区の自宅から、岩倉木野町の京都精華大学まで車通勤をしていた時期があります。往きは北山通から宝ヶ池通に入り、狐坂高架道を越えて宝ヶ池トンネルを過ぎると、そこはもう岩倉です。北山通の宝ヶ池通交差点を左折してから岩倉に出るまで通常三～四分ぐらいではないかと思います。昔、京都から岩倉に行く人が桜井や岩上神社の傍らを過ぎ、狐坂を越え、宝ヶ池の西を通って岩倉に出るまでどれぐらいの時間がかかったのでしょうか。帰路は宝ヶ池トンネルを過ぎると、大きく右カーブを切りながら狐坂を下っていくのですが、この時眼前に拡がる京都盆地の景観は素晴らしいものです。視界の右には鷹ヶ峰など京都北山の西端部の山々と、その山麓の扇状地にまで這い上がる住宅地が見え、視野を左に転じると京都市街地中心部の街並みが展開しています。その奥には京都駅前の京都タワーや、さらにその先には京都盆地西南端の天王山の特徴的な山容も見えます。しかも景色全体が南向きに傾斜していることがわかり、京都盆地が決してお盆の底のような平坦地ではないことが直感的に見て取れます。私は明るい時はいつも東寺の塔を探すのですが、よく分からないうちに高度が下がり、大パノラマが見えなくなってしまいます。日没後は街並みなどのデテールは見えなくなりますが、その代わり無数のＬＥＤ照明をばらまいたようなすばらしい夜景が拡がるのです。私は帰路に見えるこのパノラマを楽しみにしていたのですが、毎回アッという間に見えなくなってしまい、自分が岩倉から京都に入るという認識がないまま京都市内の車の波のなかに入っていきます。

今では、狐坂は境界ではなくなってしまったのです。この坂が境界性を失ったのは、岩倉での都市化が進み、京都と岩倉が同質化されていったからです。しかし、今も岩倉を歩くと、主要道路沿いにはどこにでも見られるチェーン店やありふれた家並みが続くところもありますが、そこから少し外れた小道や昔からの佇まいを残している集落のなかには、京都市内とは違うゆったりした時間が流れているような気がします。それを「岩倉らしさ」「岩倉の良さ」と評価して、住民が共有し次の世代にも伝えていこうという「岩倉の歴史と文化を学ぶ会」のような取り組みも行われています。私はこの「岩倉らしさ」「岩倉の良さ」のなかには、これからの社会に要請される「共生」という理念が、とってつけたような形でなく、長い歴史のなかで形成されてきた目に見えない伝統として生きていることも含まれると思うのです。その伝統は、前に記した里子や精神障害者受け入れの歴史のなかで形づくられてきたし、今もその取り組みは続いていると思います。

九　精神障害者との共生

「慣れる」ということ

私が勤務している京都精華大学の学生は、大学がある岩倉に下宿したり、岩倉の店でアルバイトをしている者が多くいます。私はある時、岩倉での精神障害者受け入れについて講義で取り上げた際に、授業を受講している学生たちにそのことを知っているか聞いてみました。すると、まとまった歴史として知っている者はいませんでしたが、精神科病院の入院患者さんが散歩していたり、バイト先の店に買い物に来られたりするのは日常的にあることなので、よく知っているというのです。そしてある学生は、「他の地域だったら目立つような精神障害者の振舞いが、岩倉だったら別にどうということもない」と言うのです。彼は岩倉のコンビニでアルバイトをしていたのですが、入院患者さんがよく買い物に来られ、最初は対応に戸惑ったこともあったけれども次第に慣れたというのです。たかだか四年ぐらいの間岩倉に住む彼等がそのような「慣れ」を経験するのですから、長年岩倉に住んでおられる住民の方たちは、もっとハイレベルな慣れを身に付けておられるのではないでしょうか。しかしそれが形成される過程は、決して平坦なものではなかったと思います。

理念としての開放医療

敗戦直後に岩倉での精神科病院と「保養所」との併存体制が廃絶したことまでは前に記しましたが、それ以後の歴史を次に見たいと思います。その後、特に一九七〇年代以降岩倉の精神科病院で取り組まれたのは、精神を病む人たちの人権を尊重し、彼らを隔離せず（開放医療）岩倉という地域のなかで回復し社会復帰をはかるという試みです。しかし、精神障害者受け入れの伝統がある岩倉でも、それは決して順調な道のりではありませんでした。「患者の人権保障」という医師たちの理念と、長年岩倉で行われてきた精神障害者介護の伝統的なやり方とは、最初から親和的ではありませんでした。

一九七〇（昭和四十五）年にいわくら病院に赴任した崔秀賢《さいしゅうけん》医師（前いわくら病院院長）は、いわくら病院ホームページ[46]に収録されているインタビューのなかで次のように振り返っています。

> 一九七〇年、私はいわくら病院に医師として赴きました。一九五二年に開設されたいわくら病院は、伝統ある精神科の病院でしたが、労働運動を共に戦っていた医師全員が辞め、院長一人が診療にあたるという異常な事態を迎えていました。そこに私は他の五人の医師とともに就職したのです。この医師たちが揃って医療現場の改革を訴えました。当時日本でも少しずつ取り入れられつつあった開放医療を志したのです。その頃のいわくら病院は、強力な看護力で一定の評価を得ていました。しかしそれは看護師のみでなく、資格を持たない看護助手たちが、恐怖によって患者さんたちを支配し、無理矢理言うことを聞かせるというものでした。言葉は悪いですが、監獄のような状態が当たり前の世界だったのです。この看護人たちは地元出身の人びとで、経営者との血縁関係であることも多く、よそからやってきた医師や看護師たちに有無を言わせない体制を作り上げていました。彼らにとって医師や看護師は三、四年で辞めてしまう、通行人も同然の存在でした。そんな中、私たち六人は、治療の主体性は患者側にあること、その人権はあくまで尊重され、患者さんは人間的に扱われなければならないことを訴え、それまでの病院のやり方をすべて否定していきました。当然院内は大混乱、特にポッと出の医師たちに、自分たちが築いてきたものを壊されると感じた看護人たち

の反発はすさまじいものがありました。「きれいごとを言って、どうせ三年たったら辞めるやないか」。彼らはそう主張し、危険な目に遭っても助けてやらないぞと脅された医師や看護師もいました。この時期はつらかった。文字通り、命を削るような日々でした。五人の仲間がいなかったら、きっと逃げ出していただろうと今でも思います。

闇の中に一筋の光が見えたのは、開放医療に取り組みだして数年が過ぎた頃でした。いまも忘れられないエピソードがあります。一九七二年から三年ほど、私は男性の準閉鎖病棟に勤務していました。毎朝のように数人の患者さんが、真っ青な顔をして私に食ってかかってくる状態が続き、大変なストレスを抱えていました。出勤拒否に近い心情で、休みの日には決して洛北には足を向けず、出勤の朝には病院が近づくと心拍数・血圧ともに上がるのがわかりました。一年ほど経った頃のある夕方、医局に電話がかかってきました。ちょっと病棟に来てくれないかというのです。なんだろうと思いつつ行ってみると、そこでは看護人たちが、地元でとれたマツタケを焼きながら寛いでおり、「先生も食べえな」と誘ってくれたのです。そして、じつは患者さんが私に食ってかかっていたのは、自分たちが患者さんに「様々な制限を与えているのはあの医者だ」と教えていたからだ、と打ち明けてくれました。看護人たちも、ただ反発していたのではなく、私たちが本当にやる気かどうかをじっと見ていたのですね。こうした出来事をきっかけに、少しずつ私たちは思いを共有できるようになり、ついに手をたずさえて病棟の鉄格子を外すことができました。私たちにとってはベルリンの壁を壊すのに匹敵する、記念すべき出来事でした。

文中に出てくる「地元出身の資格を持たない看護助手」というのは、かつて茶屋や保養所にいた「強力」の後身というか、当時の姿と言えます。外から来て「開放医療」というような理想論を掲げ、従来からのやり方を否定する医師たちは、彼らから見ると秩序を乱すよそ者にしか見えなかったのでしょう。しかし、医師たちが本気で開放医療に取り組む気概を持っていることがわかると、心を開いてその取り組みに協力するようになったのだといいます。こうした経過をへて、林屋氏の『京都』に記されている「いかめしい鉄格子」も今では見られなくなったのです。

開かれた精神科病院

私は、晩秋の一日いわくら病院を見学し、崔秀賢院長（当時）にもお話を伺う機会を持つことが出来ました。崔先生は「精神を病んだ人がそのことを受け容れ、自分なりに回復に向けて努力するためには、人間らしく処遇されることが前提になります」と言われました。これは言われてみれば当然のことですが、精神科病院でそれを実行することは簡単なことではなかったのです。崔先生たちが一九七〇年に赴任したとき「開放医療」という方針を掲げたのは、当時から患者の人権を最優先するという思想・医療方針を持っていたからでしょう。しかしそれはまず、在来の病院体制――それには長い岩倉での精神障害者受け入れの歴史が反映されていた――との軋轢《あつれき》を生みました。ポッと出の若い医者たちが理想論を振りかざしていると受け取られたのです。また岩倉の住民からは、「開放」の結果出歩いた患者さんたちの迷惑行為――勝手に家に上がって寝ていたなど――への苦情が寄せられました。七〇年代以後の岩倉では、「開放医療を掲げる医者たち」「在来の病院体制」「岩倉の地域社会」の三者が、精神科病院のあり方をめぐって葛藤し、せめぎあいを続けてきたのです。石座《せきざ》神社の境内で患者さんの一人が手首を切るという自殺未遂事件が起こったときには、地域の人たちから「神聖な境内を血で汚すとは」と厳しい抗議が寄せられたそうです。以後病院スタッフによる地域巡回を常時行うとともに、岩倉三精神科病院（いわくら病院、北山病院、第二北山病院）と地域の自治連合会組織との定期的な協議が続けられ、「開放」のあり方をめぐって意見交換がされてきました。こうした経緯のなかで、崔先生が気付いたのは、患者さんを一番束縛しようとしているのは地域より病院だということだったそうです。ここに岩倉という地域が長年精神障害者を受

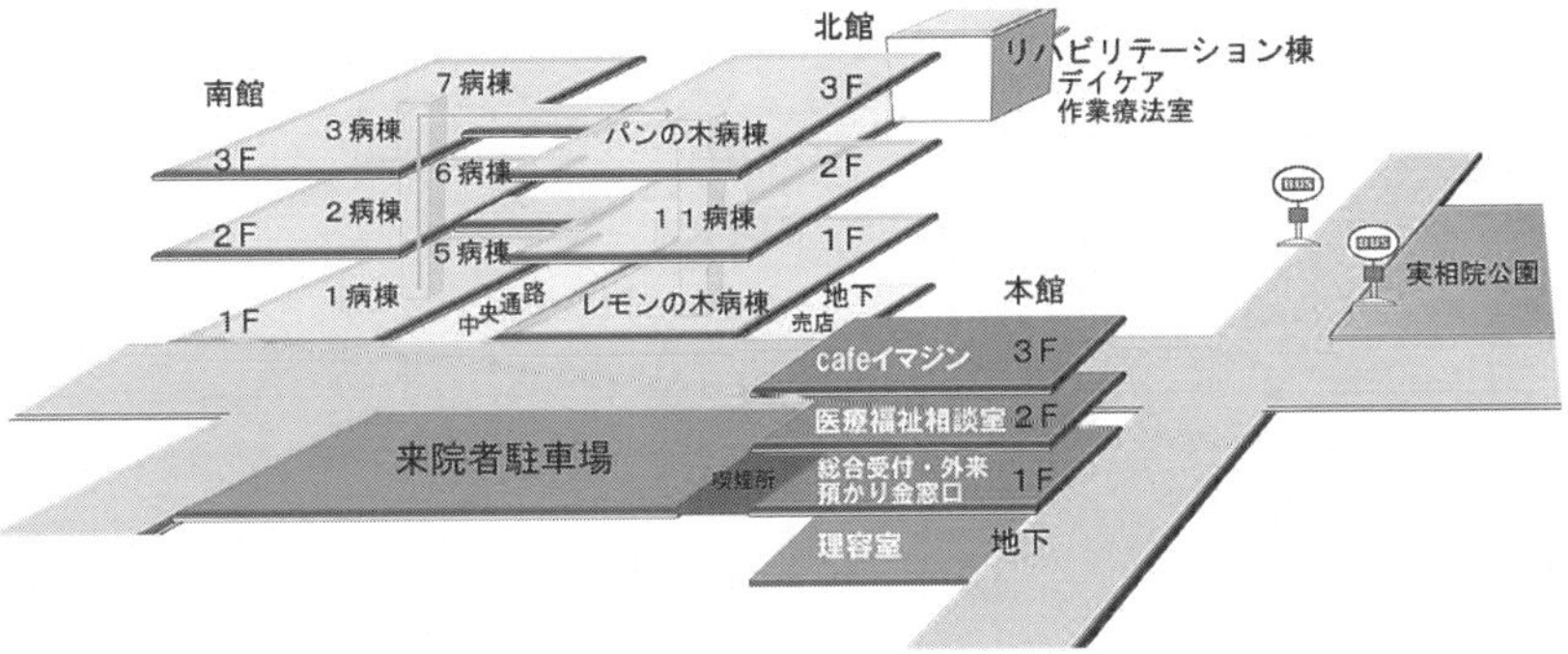

いわくら病院施設案内図（同病院ホームページより）

け入れてきたという歴史が生きているのかもしれません。今では地域の年配の方から「あんたら、もっとノーマライゼーションを進めなあかんよ」などと言われることもあるそうです。

私はこのとき病棟も見学させてもらいました。入院病棟は北館と南館の二棟あり、二階の渡り廊下でつながれています。病棟は急性期病棟も含め、常時施錠されている病棟は認知症病棟以外一つもありません。七つの病棟のうち三つはまったく自由に出入り可能で、四つの病棟の出入り口にはスタッフの人が座っていて、外に出ようとする患者さんに行先などを尋ねます。普通はそれで外出ＯＫですが、症状によって外出が禁止されている患者さんには「出られない」ことを説明して戻ってもらうのです。それでも出たがる患者さんがいれば、複数のスタッフで対応して説得するのだそうです。私は精神科病院を見学したのは初めてでしたが、雰囲気は内科や外科などの入院病棟とあまり変わりはなく、患者さんのなかには笑顔で挨拶してくれる人もいました。また本館には喫茶室（カフェ・イマジン）やヘアサロン、歯科などもあり、外来者も利用できます。この日はちょうど紅葉見物の最盛期でお天気もよかったので、病院の外には実相院の「床紅葉」[47]などの見物に来た観光客がたくさん行き来していました。精神科病院に入院するというのは、人生において負の一大事に違いありませんが、病院の一歩外にこのような平穏な日常が流れていて、そこと隔絶されていないということは、患者さんにとって大きな救いになることは間違いないと思いました。

病院と地域の連携

現在北山病院・第二北山病院を擁する医療法人・三幸会の母体は、城守《きもり》保養所です。この保養所の本館（若狭屋）跡にはいま北山病院が建っていますが、一九三九（昭和十四）年に新築された新館がほぼ往時のまま残されていて、京都市の「京都を彩る建物や庭園」に選定されています。二〇一二（平成二十四）年末に、この建物の一部が「城守保養所資料館[48]」として公開されることになりました。私はなかなか見学する機会がなかったのですが、二〇一五（平成二十七）年五月にようやくここを訪れることができました。城守《きもり》茂右衛門《もうえもん》館長さんが親切に案内・説明していただき、館内をゆっくり見学することができました。ちなみに、城守館長は一九四九（昭和二十四）年生まれとのことですが、幼い頃（昭和二十年代末？）、逗留されている患者さん[49]に抱っこしてもらった記憶があるとのことでした。

城守保養所新館の庭園

主に資料が展示されているのは元の事務室で、ここは建物の南東の角部屋で明るく、壁面と中央の資料ケースに岩倉の精神医療史関係の多くの史・資料が保管・展示されています。城守保養所関連だけではなく、かつて岩倉にあった村松保養所などの関係資料もありました。資料室の北側には、かつて患者さんが逗留していた部屋がほぼそのままの状態で残されています。そこは東側が池のある庭園に面しており、西側には立派な床の間が設《しつら》えられていて、まるで和風旅館の一室のようです。このような部屋に長期滞在するには、相当の財力がないと難しかったと思いますが、市中から離れ、比叡山や北山を間近に眺められる岩倉の清澄な空気のなかで過ごせば、精神疾患からの回復が早まったことは間違いないだろうと実感しました。

この時、館長さんに現在の私の主要な関心事は岩倉の精神科病院と地域との連携の具体的な姿であることをお伝えしたところ、早速三幸会の地域連携室に連絡を取ってくださり、ほどなく同室の安藤千秋さんにお会いして以下のようなお話を聞くことができました。

現在、岩倉にある三精神科病院（いわくら病院、北山病院、第二北山病院）は共同で地元（明徳学区・自治連合会）との連携組織（開放医療対策委員会）を構成しています。地域からは毎年近隣の七町内会でそれぞれ委員が決められ、毎年六月に総会が開かれます。三病院からは病院長をはじめ、関係者が出席します。会場は三病院持ち回りで、会の進行は会長さんが行います。病院側から、過去一年間の迷惑行為の事例を発表し、その経緯と対応、対策を説明します。その後、町内委員さんより町内の声や意見等を伺い、その後の参考にしているそうです。定例会合は年一回ですが、地域で何かあった場合、病院受付に連絡が入り、病院スタッフがすぐ駆けつける体制ができています。その際、問題を起こしたのはどの病院の患者さんかわからないので、とりあえず連絡が入った病院が対応します。行ってみると病院の患者さんとは関係なかったというケースもあるそうです。また、病院側は三幸会の場合「地域委員会」（両病院の医局、看護部、リハビリテーション部、相談室、地域連携室で構成）という組織があります。毎週、月曜日から金曜日の午後に近隣公園のゴミ拾いなど清掃を行うほかに、月一回は地域をまわり清掃活動を実施しています。また毎日地域巡回を行いその際に地域の人たちの声を積極的に聞くようにしており、これらを毎月の委員会で報告し、地域への迷惑行為の有無を確認しているそうです。

このような病院―地域の連携体制は一朝一夕にできたものではなく、長年の試行錯誤のなかで現在の姿に至ったのだと思います。また江戸時代以来の岩倉での精神障害者受け入れの伝統がその基盤になっていることも間違いないと思います。

夏祭りと地蔵盆

岩倉の精神科病院と地域社会との共生・共存を象徴する行事が「ふれあいまつり」です。私は二〇一五（平成二十七）年八月二十三日に行われた三幸会の第十回記念ふれあいまつりを見に行きました。この日は残暑が厳しく、歩いていると全身に汗が溢れてきました。それをタオルで拭いながら会場（三幸会の職員駐車場）に近づくと、元気な太鼓の音が聞こえてきました。これは村松児童館（岩倉中在地町）の学童クラブの子どもたちの出番なのでした。

会場に入ると、まっすぐ歩くのが難しいぐらいの人出です。テントが三列に張られ、その下には焼きそば、かき氷などの出店やヨーヨー釣り、射的などゲームコーナーに人だかりができていました。家族連れが多いようで、夏休みも残り少なくなった子どもたちを楽しませたいという企画のコンセプトが伝わってきました。会場の所々に氷柱が建てられテントの上からはミストが噴き出すなど、少しでも涼しくなるようにとの配慮も伝わってきました。私が勤務している京都精華大学の、マンガ学部の学生たちによる似顔絵コーナーもあり、ここも順番待ちができていました。

子どもたちの和太鼓演奏　手前に氷柱が建っている。

三幸会地域連携室の安藤さんに出会い、しばらく話をしましたが、その間にも次々に人の出入りがあり、前に北山病院を訪問した時の静かな雰囲気とはまったく違っていました。帰路、会場入口で出番を待っている洛北中学吹奏楽部の生徒たちの列の横を通ったのですが、その時たいへん印象的な場面を見かけました。病院の方から看護師さんに車椅子を押されて近づいてきた白髪の老婆が、生徒たちの列に向かって満面の笑みを浮かべながら拍手をしているのです。たぶん、この患者さんは中学生の吹奏楽を聞くのを前から楽しみにしていたのでしょう。

この日、八月二十三日は、京都では昔から地蔵盆が行われます。普段は街角の祠《ほこら》にひっそりと祀られている石の地蔵尊を、町内のどこかに設えられる地蔵盆会場に移して安置し、その前で子どもたちが遊び、大人はおやつを用意したり、福引の準備をするなど裏方になるのですが、実は大人もこの行事を楽しみにし、近所の人たちとの絆を確かめるのです。帰り道、岩倉川のほとりにある目無地蔵の前を通ると、いつもとは違い幕が張られ、提灯が吊られていました。

この風景を見た時、今日は地蔵盆だったと思いだしました。先ほど見てきた精神科病院の行事であるふれあい

賑わう模擬店

似顔絵コーナー

地蔵盆の飾りをした目無地蔵

まつりの賑わいと、昔から変わらないお地蔵さんが祀られている風景とは、何の違和感もなく溶け合っているように感じました。そして、これが岩倉という土地が持っている包容力なのだと思いました。

その包容力は、岩倉が「坂」＝境界としての長い歴史を経るなかで、形作られたものではないかと、私は思います。

【注】

(1) 旧岩倉村が京都市に編入されたのは一九四九（昭和二十四）年。その旧岩倉村は明治初めまで岩倉村、幡枝村、長谷村、木野村、花園村、中村の六村に分かれていました。

(2) 旧松ヶ崎村では「西の宮さん」といわれ、村の鎮守社です。

(3) 北山通から宝ヶ池隧道をへて岩倉下在地町まで延長二・三キロメートルの宝ヶ池通が一九六五年、国立国際会館のオープンにあわせて開通しました。

(4) 春めける 声にきこゆる 鶯は また桜井に すめるなりける （伝紫式部作）など。

(5) 異説としては、平安京の北の鎮めとして、経文を納めた箱がこの地の山中岩倉に埋納されたためというのもあります。

(6) 鴨川最大の支流。大原方面から南西流し、出町で加茂川と合流しています。

(7) 学術的に貴重な植生などが保存されている池で、一九二七年植物群落が「深泥池水生植物群」として国の天然記念物に指定され、一九八八年に「深泥池生物群集」として生物群集全体に対象が広げられました。

(8) 鞍馬はかつて丹波山地で焼かれる炭の集散地で、何軒もの炭問屋がありました。鞍馬炭は京都市中で広く使われていました（中村治『京都洛北の近代―暮らし・風俗・歴史』OMUPブックレット三三 二〇一二年）。

(9) 西村勁一郎『探訪 京都・上賀茂と二つの鞍馬街道』（二〇一一）には、次のように記されています。「荷物の大小や軽重の程度などによって、また行き先によって、通行人が六差路二本目（檜峠越え＝引用者注）および四本目（幡枝峠越え＝同）の、二本の道の使い分けを行っていたことを示している。特に、鞍馬方面から都へと下って進む場合には、近道である六差路四本目の道が多く利用され、逆に、鞍馬方面へと上る場合には、多少の回り道ではあっても、比較的穏やかな檜峠越えとなる、六差路二本目の道が多く利用されたのではなかろうか。」同書一一三頁。

(10)「檜峠も、大正初期に七、八メートルも切り下げられて、現在の峠道となったもので、それ以前は、もっと急な上り坂で、道幅も狭かった」（小谷夘之助『岩倉・幡枝の今昔』一九八三年）二一三頁。
(11) 角田文衛・加納重文編『源氏物語の地理』（思文閣出版　一九九九年）など。
(12) 皇族や貴族に縁がある寺格の高い寺。
(13) 中村治『洛北岩倉』（コトコト　二〇〇七年）四一～四二頁。
(14) 中世の城は自然地形を利用して斜面を削平し、「郭《くるわ》」を配置して敵を迎え撃つ土の城（山城）でした。石垣と堀で守られた平地の城が登場するのは織豊政権以後のことです。
(15) 実相院裏山城、花園城、三宅八幡城、静原城など。山下正男「京都市内およびその近辺の中世城郭―復元図と参考資料」（『京都大学人文科学研究所調査報告書三五号』一九八六年）『洛北岩倉』四三、五一～五六頁に縄張図が転載されています。
(16) 大納言山科言継が書き残した日記。
(17) 明治維新後「士族」に列せられた家もあります。
(18) ただし史料上この移住は確認できず、逆に文明十七（一四八五）年にはすでに中村があった事が史料上わかっているので、下鴨からの移住説は、公儀等からの夫役を免れるため下鴨社との繋がりや同社への昔からの神人としての奉仕を強調するためのものではないかという見方もあります（中村治「「中」村の歴史と暮らし―「中」村の人たちはどこから来たのか」『洛北岩倉研究』第4号　岩倉の歴史と文化を学ぶ会　二〇〇〇年）。
(19) 天皇の代理として伊勢に参宮する斎王代が、出立前に身を浄めた社が前身。現「野宮神社」（京都市右京区嵯峨野宮町）。
(20) 中村治『洛北岩倉』一二六頁。
(21) 岩倉具視が幕末に一時隠棲していた居宅跡が岩倉上蔵町にあり、一般公開されています。
(22) 京都市編『史料京都の歴史第8巻左京区』（平凡社　一九八五年）四〇八～四〇九頁。
(23) 京都府社会課『洛北名物里子の話』一九二四年。
(24) 一九二九（昭和四）年には鞍馬電鉄（出町柳―鞍馬）も開通。
(25) 跡部信・岩崎奈緒子・吉岡真二「近世京都岩倉村における『家庭看護』上」『精神医学』三七（一一）一九九五年。
(26) 呉は当時の「私宅監護」体制のもとで、病者がおかれている劣悪な環境を見聞し詳細な記録を残しています。
呉秀三・樫田五郎著『精神病者私宅監置の実況』（現代語訳・解説　金川英雄　医学書院　二〇一二年）
(27) 一九〇六年、スチーダ（ラトビアの医師）、一九〇九年、ピーターソン（米コロンビア大学教授）、一九三〇年、ヴァイカント

（ハンブルグ大学教授）など。

(28) アイルランドの王女だったディンプナは、亡き妻に似ているという理由で結婚を迫った父王を拒絶し、ここまで逃れてきて追手に殺されたといいます。

(29) 橋本明「〝精神障害者〟の権利はなかったのか?―ヨーロッパの精神医療史の落ち穂拾い」
http://www.manabi.pref.aichi.jp/general/10001880/0/index.html

(30) 中村治『洛北岩倉』一五二頁。

(31) 藤本文朗「岩倉村への道」（藤本文朗・藤井克美編『京都障害者歴史散歩』文理閣　一九九四年）一〇七〜一一三頁。

(32) 一九六五（昭和四十）年、第二北山病院が隣接地に発足しました。

(33) 中村治『洛北岩倉』一五八頁。

(34) 山本尚友「非人番」（『近世の民衆と芸能』京都部落史研究所編　阿吽社　一九八九年）

(35) 勿論、この時点で茶筌師村が上長谷にあった可能性も否定できません。

(36) 岩倉茶筌師村についての詳細は、中西宏次「近世岩倉の茶筌師村」（『京都精華大学紀要四二』二〇一三年）を参照してください。なお、中町墓地には関係者以外の立入りは禁止されています。

(37) 柳田國男「所謂特殊部落ノ種類」大正二年五月（『柳田國男全集四』ちくま文庫　一九八九年）

(38) 岩倉御殿、幡枝御殿、長谷茶屋、女三ノ宮万年岡茶屋。

(39) 地元には、御所が水害の被害を受けた際、後水尾上皇が中村に一時避難したとの伝承もあります。

(40) 四十九日の法要。

(41) 声を揃えて読経すること。

(42) 森田竜雄「鉢叩」（『芸能・文化の世界』シリーズ近世の身分的周縁　横田冬彦編　吉川弘文館　二〇〇〇年）

(43) 市営地下鉄烏丸線「国際会館」駅の開業は一九九七年六月。

(44) 現在五学部（人文、芸術、デザイン、マンガ、ポピュラーカルチャー）。学生数約三千三百人。一九八九年九月、叡電「京都精華大学前」駅開業。

(45) 一九六五年、隣接する上賀茂に京都産業大学が開校したこともあり、叡電沿線の学生アパート需要が急速に高まりました。

(46) http://www.toumonkai.net/interview/inchou02.html

(47) 屋外の紅葉が、磨かれた木の床に映る光景。
(48) 現在土曜日を中心に開館。予約制で、申込先は医療法人三幸会(〇七五・七二一・一五五一)。
(49) 一九五〇(昭和二十五)年、精神衛生法が施行され病院以外での患者受け入れが禁止されましたが、家族同然になっていた患者の一部は昭和二十年代末頃まで保養所に滞在していたと思われます。

終章

坂の喪失と再生

山科地蔵徳林庵前の井戸

サカの民俗学

これまで、京都周辺の四つの坂の歴史と、そこでの最近の動きを見てきました。それは端的に言うと、境界として自明の意味を持つ場だった坂が、しだいにその意味を失い、いったんは他の土地と同じような場所になりかけたけれども、坂に刻まれた記憶がそこで生きる人たちを動かし、今また新しい意味での「境界からの発信」が始まっているということではないかと思います。

坂の歴史に関して、これまでも本文中で坂が本来持っていた意味について触れてきましたが、ここでもう一度整理しておきたいと思います。柳田國男によると、サカ（坂または境）は、サコ・セコ（迫）、サキ（崎または尖）、ソキ・ソコ（底または塞）などと語根（語源）が同じで、「外れ」「過渡的」な状態を表しているといいます(1)。そこは地形的な遷移点《せんいてん》（平地から山地へ、峠など）であることが多いけれども、必ずしもそうとは限らず、異なる文化圏・生活圏が接触するという文化的な境界という意味を持つ場です。したがってその場所には境界を守る神（宿神、道祖神）が祀られたり、シュク（夙・宿）と呼ばれる集落が立地したりします。シュクも元の音はスクで、郡邑《ぐんおう》（村や町）の境または端れ（はずれ）を意味した語であり、実際にそのような場所に夙（宿）と呼ばれた集落があるので間違いないと柳田は指摘しています。

境界の両義性

柳田國男（一八七五～一九六二）や折口信夫《しのぶ》（一八八七～一九五三）など、主に戦前期に活躍した日本民俗学者らがサカなど境界に対して持っていた強い関心・問題意識を、記号論や文化人類学の視点なども採りいれながら再評価したのは山口昌男（一九三一～二〇一三）でした。彼はその著、『文化と両義性』（一九七五）のなかで次のように述べています。

境界の持つ両義的性格こそは、生涯を通じて柳田の関心を惹きつけた基本的モチーフであったらしい。（中略）境界についての感受性こそは、我々が論理的整合性の世界で喪失したものかも知れない。境界は多義的であるゆえ、そこには日常生活の中では位置を与えられないイメージが立ち現われる可能性を持つ。二つの矛盾するものが同時に現われることができる。そこでは、イメージおよび象徴が、言葉になる以前に絶えず立ち現われ、増殖し、新しい統合をとげる。[2]（中略）こうして考察してきたところでは、文化の中の挑発的な部分は、それが秘める反社会性のゆえに、発生状態においては、周縁的部分に押しやられるが、絶えざる記号の増殖作用のゆえに、中心部分を生気づけている。中心的部分は、境界を、時と場所を定めて視覚化、強調し飾り立てることによって、中心を構成する秩序に対する「逆定言」（カウンターステートメント）を行うのである。[3]

山口は、坂などの境界は「両義性」を持つ場のゆえに文化的には非常に生産的な場であり、そこで生まれる中心部とは異質な文化は、結果的に中心部を「生気づける」＝更新・革新するのだと言っています。彼は、境界についての感受性を（現代に生きる私たちが）喪失したかもしれないと指摘していますが、「境界喪失の時代」ゆえに境界の持つ意味を見直そうとした論者に赤坂憲雄（一九五三〜）がいます。

境界喪失の時代

赤坂は「境界／生と死の風景をあるく」の冒頭に次のように記しています。

かつて境界とは眼に見え、手で触れることができる、疑う余地のない自明なものと信じられていた。しかし、わたしたちの時代には、もはやあらゆる境界の自明性は喪われたようにみえる。境界が溶けてゆく時代、わたしたちの生の現場をそう名付けてもよい。[4]

そして、山口らが展開した境界論が注目された理由について次のように述べています。

あらゆる境界が喪われてゆく時代に、それゆえ、可視的な境界によって空間と時間を分節化する古さびた世界＝宇宙観が、やがて無効を宣告されようとしている時代に、境界論がひとつの有効な方法＝視座として、さまざまな知の領域で発見されつつある。これは疑いもなく一個の逆説である。しかし、そこには不透明な色合いはない。たぶん、知が志向する対象《モノ》はその自明性が剝げ落ちてゆく時代にこそ、はじめて熱い視線を向けられる。知の眼差しの下に問題として浮上してくるものであるのだから。境界喪失の時代ゆえに、いま、境界論が前景に炙り出されてきているとかんがえてよい。[5]

赤坂は、「境界の喪失」を社会の均質化が進んだ状況と捉え、日本では特に一九八〇年代に入る頃からどこへ行ってものっぺらぼうな風景が拡がるとともに、社会集団のなかでも些細《ささい》な差異を炙《あぶ》り出してしまう同質化への圧力が強まったと見ています。学校での「いじめ」が陰湿化し、その結果子どもの死に至るような深刻な事例が多発するようになったのもこの頃からで、「いじめ」の質が変わったのは一九七九年の「養護学校義務化」が一つの転機だったと述べています。[6] 養護学校が義務化されたのは、従来重度の「障害」のため就学を猶予（排除）されていた子らも含め、学校という場に受け入れる義務を社会の側に課したという面もありますが、これを機に、「障害」という明らかな差異を持つ子たちが養護学校や普通学校の養護学級に振り分けられ、普通学級からは「可視的な差異を刻まれたものたちがことごとく追放され」[7] るようになったという面に注目しているのです。[8]

この結果、子どもたちはわずかな差異がたまたま表面化した子を生け贄《にえ》としてターゲットとし、いじめが始まるけれども、その「いじめ―いじめられる」関係は固定したものではなくしばしば逆転するという点に、八〇年代以降の学校でのいじめの特徴があると指摘しています。

若者の生き難さ

私は長年高校、大学で教員をしてきて若者たちと接してきましたが、いじめがもっとも深刻だったと思われる小・中学校期を乗り切り、少し分別もついてきた高校・大学生を相手にしてきたとはいえ、彼らの生き難さは私の少・青年期とは質的に少し異なるのではないか、という実感があります。それは、例えば「ノリ」が強要されるような場面です。私がタイに旅行した時の経験を次のように記したことがあります。(9)

二〜三年前のこと、バンコクからアユタヤへのツアーに参加してチャオプラヤ川を遡るクルーズ船に乗っていた。上甲板には観光客たちがそれぞれの時間をゆったりと過ごしている。そこへ七〜八人の日本人の若者集団が現れた。彼らはとにかくうるさかった。常にハイテンションなのである。しかも一緒に行動する。下の客室のほうへ行ったかと思うと、また上甲板に戻ってくるといった行動を繰り返す。「ヤマちゃん」という男子がキーパーソンらしく、ヤマちゃんが行く方向に皆が付いて移動していく。その様子を見ていて、これに合わすのはしんどいだろうなと思った。合わさないと、KYとか言われて下手をすれば排除の対象になってしまうのだろう。

今の若者は、端的に言えば、一定の幅で「ノリ」を共有できる集団と、それは苦手なので、オタクとかKYとかと呼ばれることを甘受して基本的に一人で生きていく道を自ら選ぶ人たちとに両極分解しているような気がするのです。このような社会の動向と、かつて独自の意味を持つ場だった坂が、その意味を急速に失っていったことは大いに関係があると私は思います。

坂の再生

京都の坂を歩き始めたころ、坂がその独自の意味を失くしていった過程に関心があり、それを各坂の現地で確認するというスタンスでフィールドワークをしていました。しかし、坂で出会った人たちの活動に触れるなかで、考えが変わっていきました。坂は、死んではいなかったのです。たとえば、清水坂ではかつて犬神人《いぬじにん》が祇園祭神幸列を先導した伝統を弓矢町の住民たちが受け継ぎ、甲冑《かっちゅう》姿での先導ができなくなった後もその甲冑を店のショーウィンドウや玄関先に展示する行事を今も続けています。また、かつて清水焼産地の中心で登り窯が集中していた一画では、登り窯が使えなくなった後わずかに残っていた窯の一基が、「近代産業遺産」としてアートの場として再生・活用されています。またこの取り組みが契機となって、京都造形芸術大学の「まか通《つう》」という学生のプロジェクトが六原地区に入り込み、中には路地の奥の長屋に住みついて住民として地域の活動に参画している学生もいます。清水坂の、坂としての千年以上に及ぶ歴史はそう簡単には終息せず、現在この地にかかわる人たちの活動のなかで生き、そして未来に受け継がれようとしています。

狐坂では、かつての坂道はカラー舗装されて遊歩道となり、ショートカットされた高架車道を車が疾走しています。しかし、車道の傍らには五山《ごさん》送り火の一つ「妙法」の妙の火床があり、八月十六日の夜、地元・松ヶ崎の人たちによって点火され続けています。また、狐坂によって京都と隔てられていた岩倉は、今では完全に京都の近郊住宅地化されましたが、かつて農家が京都から精神障害者を受け入れてきた伝統は、今岩倉にある三つの精神科病院に受け継がれ、開放医療の取り組みが行われています。また地元住民も、地域の歴史を「精神障害者との共生」の歴史と捉え、学習する動きがあります。これらの取り組みが地域文化に幅と深みをもたらし、岩倉が単なる京都の近郊住宅地ではない独自性を持つ地域である一因になっていると思います。

長坂では、長い京都の歴史のなかで様々な境界的出来事がありました。例えば、御土居《おどい》が築造された時には長坂口が設置され、その後長坂街道に沿って洛外側には光悦芸術村、洛内側には穢多《えた》村・蓮台野《れんだいの》村が形成されました。光悦芸術村は、その後現在に至る琳派《りんぱ》[10]の揺籃《ようらん》の地となり、蓮台野（旧野口村、当時は京都市に編入）には一時全国水平社の本部が置かれ近代人権文化発祥の地の一つになりました。いまその伝統は、「ツラッティ千本」という人権資料展示施設などに受け継がれ、千本地区は「人権・共生」を発信する地域になっています。

逢坂《おうさか》は、京の都と外部を分かつ重要な境界だったために、そこに伝えられた蝉丸《せみまる》という伝説上の人物の物語が、歴史の変転とともに二転、三転してきました。その変化は、坂の西・山科《やましな》盆地の四宮河原での盲人たちの動きとも連動していました。また、逢坂という重要な境界を護る坂神には強烈な神格が要請されたため、男女双体（蝉丸・逆髪《さかかみ》）の御霊神として神格化・伝承されましたが、その背後には世阿弥たち芸能民の活動がありました。逢坂とその周辺は、境界ゆえに聖と賤が交錯する当代文化の深層部分が生成される場でした。また山科盆地の西・日ノ岡の坂（九条山）にはかつて刑場があり、そこで活動した刑吏は坂の西・三条河原に造られた穢多村・天部《あまべ》の人たちでした。このように、山科盆地は全体として京都とその外部との境界としての歴史を刻んできたのですが、近・現代には中心・京都から「異物」が送られてくる場ともなりました。例えば近郊農村・山科としての下肥《しもごえ》の受け入れ、一九二七（昭和二）年京都刑務所の移転[11]、二〇〇〇（平成十二）年エコランド音羽の杜（ゴミ焼却灰の最終処分場）の稼働[12]、など。

山科は現在京都の近郊住宅地ですが、そこで暮らす人たちのなかで「山科は京都とは違う」という意識を持ち、山科固有の自然、歴史などをともに学び、その良さを共有・発信していこうという活動がとても熱心に取り組まれています。私が特に注目したのは、「山科醍醐《だいご》こどものひろば」というNPO法人が、十四年間も続けている「町たんけん」の取り組みです。これは山科の小学生を対象に、毎年七〜八回程度山科各地のフィールドワークをしたり、「山科かるた」「山科かるた双六《すごろく》」などで遊んだりするなかで、「山科だいすき！」といえる子どもたちを育てることが目的で、運営しているのは山科に住む大人たちです。その中心メンバーのお一人に、この活動を長く続けている原動力はどこから？　とお聞きしたところ、「それは山科が京都の掃《は》き溜《だ》めのように見られてきたから」という答えが返ってきました。そのような見られ方と、実際に住んでみるとこんなにいいところ、という実感とのギャップがそうさせるのでは、というのです。

「視点を変える」ということ

私は、京都の中心部で生まれ育ちましたので、今回京都周縁部の坂を歩いて、そこで暮らし、その地に根差す活動をしている人たちと出会ったことはとても新鮮な体験でした。また、京都に対する自分自身の見方も変わったような気がします。京都の見方が変わったということに関連して、少し話が回り道になりますが、私が前に書いた本のことに触れたいと思います。

前著『戦争のなかの京都』（岩波ジュニア新書　二〇〇九年）では、「戦災がなかった」といわれる京都にも死傷者が百人を超す馬町空襲や西陣空襲があったこと、建物疎開のため我が家を強制的に破壊された世帯がたくさんあったこと、「供出」のため商売道具やお寺の仏像・鐘までも差し出さなければならなかったこと、敗戦後の食糧難・医薬不足のため、抵抗力の弱い子どもたちが今なら治療可能な伝染病などであっけなく命を落としたこと（私の二人の兄たちも、敗戦一年後の八月に相次いで死去）などについて記しました。これらは、最初は「京都の受難の物語」を、戦後生まれの私が追体験して記すというスタンスだったと思います。しかし、供出に関連して、父の実家が経営していた精練《せいれん》業（絹織物をお湯のなかで練って染めに備える工程）の商売道具であるボイラーを供出させられ、廃業に至った件を調べているうちに一つの転機がありました。

海南島と京都

それは、そのボイラーが中国の海南島へ送られたことがわかり、「なぜ海南島?」という素朴な疑問から海南島を訪れたことがきっかけです。海南島には一九三九(昭和十四)年二月に日本海軍陸戦隊が上陸、要地を占領しましたが、それは同島を日本軍の「南進」(13)の足がかりにすること、および島に眠っている膨大な鉄鉱石資源を、急いで開発し日本の八幡製鉄所に送る体制をつくることが目的でした。鉄鉱石資源の開発業務を軍から受注したのは、石原産業(14)と日本窒素肥料(15)という当時の新興財閥系企業でした。両社は軍命を受け、考えられないほどの短期間で密林のなかの鉱床から鉄道で積出港まで鉱石を輸送する体制を作ろうとします。しかし、亜熱帯のジャングルのなかでの作業が主で重機を入れることもできず、大半はスコップ、つるはしでの人海戦術がとられました。最初は現地の黎族《リー》などが使役されましたがとてもそれでは労力が足りないため、上海、香港などから大量の苦力《クーリー》(=労務者)が動員されました。また朝鮮から囚人が移送・使役された記録もあります。

ところが、宿舎など受け入れ態勢が不十分なまま大量の労務者が送り込まれたため、マラリアなど伝染病で倒れる人が続出しました。正確な記録が残っていないため、死者の数は厳密にはわかりませんが、石碌《せきろく》鉱山の積出港であった八所港の近くに設置された慰霊碑には、石碌関係だけで死者三万名以上と記されていました(16)。

私が海南島現地へ行き、戦争遺跡を訪れて圧倒されたのは、まず人的被害の膨大さでした。アジア各地で戦争のため命を落とした人は二千万人以上とかいった数字を漠然とは知ってはいましたが、それは抽象的なものでした。しかし海南島へ行って、多くの人が強制労働の末落命した現地に立つと、その人たちにもそれぞれの人生があったのに、という実感が少し湧いてきたのでした。これは私が父の会社のボイラー供出という事実に引かれて海南島へ行き、視点を京都から海南島に移した結果得られた実感でした。勿論《もちろん》、父の会社のボイラーは結局どうなったのかはわかりませんでしたが、視点を移動したことによって、「京都の人たちも戦争で悲惨な目にあった」というストーリーが、それだけではなく京都以外での多くの人々の受難と連動・複合していることにも考えが及んだのでした。

「京都らしさ」とは？

さて、いま書店の京都コーナーには、「京都本」がたくさん並んでいますが、その多くは京都中心部の「京都らしい」スポットを紹介するものです。そして「京都らしさ」とは、一般に「千年の古都」「心が安らぐ、落ち着く」といったイメージのようです。しかし、京都は大都市として様々な問題を内包しつつ、時々の差し迫った問題に対処しながら変貌を遂げてきました。これからも大きく変わっていくことでしょう。京都に生まれ、育ち、今も住んでいる私としては、「心がやすらぐ」といった京都像は一面的で、それだけではとても満足できるものではありません。京都という町の本質に迫るためには、中心部だけではなく、周縁部も含めて見ていくことが必須だと思います。というか、周縁部＝坂に視点を移してみることが有効だと思うのです。

坂と差別

それから、これは坂を歩く前から漠然と想定していたことですが、坂には差別の問題が潜在しています。「潜在」というのは、普段は隠されているということです。ですから、これは意識的に見なければ見えてきません。なぜ隠されているのか？　それは現代では「差別はいけないこと、あってはならないこと」という建て前があるからです。勿論、私はそれに異議を唱える訳ではありませんが、だからと言って「見て見ぬふり」をしたり、「なかったこと」にするのは反対です。坂にはなぜ差別の問題があるのか？　それは、中心には権威・正統・正常といったメジャー要素が集中しますが、周縁にはそのような範疇《はんちゅう》から弾かれたマイナーな要素が集積し、それらを体現する人々が被差別者と重なるからです。例えば、京都の精神障害者は狐坂を越えて岩倉へ送られたので、京都で「岩倉行き」と言えばそれは精神障害者の差別・排除を意味していました。しかし岩倉の人たちは、現金収入源という動機はあるにしても、精神障害者を「気違いさん」と呼んで受け入れ、ともに生活してきました。「岩倉行き」と「気違いさん」はどちらも精神障害者を指しますが、前者は排除、後者は受容を含意していたのです。岩倉という「坂」＝境界は、京都の中心部から排除されたマイノリティの人々（精神障害者）を受け入れ、日常のなかにその存在を許容する空間だったし、今もそのような場であり続けています。

坂から見えるもの

このように、坂に視点を移し、そこに潜在する差別の問題も含めて京都を見ることによって、初めて京都の全体像がリアルに見えてくるのではないかと思うのです。そして、これからの京都を考えるとき、いま坂で始まっている地元＝坂の再評価の動きは、とても重要な意味を持っていると私は思います。なぜなら、これらの動きは、地元＝坂の活性化を当面の目標にしていますが、坂が新しい貌《かお》を持ち再生されることは、中心を含め京都全体がリニューアルされ、活性化することにつながると思うからです。

また坂の再生・活性化は、京都だけではなく、日本全体やグローバルな課題でもあると思います。坂＝境界が元気になるということは、その両側にも活気があるということでしょう。「中心」だけが栄え、「周縁」、「外部」が衰退する社会では、坂はその存在自体が希薄になってしまいます。

最後に、読者のみなさんに提案したいことがあります。それは、自分にとって一番身近な「坂」はどこか、考えてみてほしいのです。京都以外の土地にも、それぞれの「坂」があると思います。そこは文字通り地形の遷移点としての坂が多いでしょうが、必ずしもそうではないかもしれません。その「坂」が見つかったら、ぜひ、その「坂」をあらためて実際に歩いてみてください。そして、そのフィールドワークを踏まえ、「坂」に立ってそこから両側を見るという知的冒険をしてほしいのです。

きっと、今まで気付かなかった風景が見えてくるのではないかと思います。

【注】

（1）柳田國男「毛坊主考」（『柳田國男全集11』ちくま文庫版、一九九〇年）五〇〇～五〇一頁。

（2）山口昌男「記号と境界」（『文化と両義性』岩波現代文庫、二〇〇〇年）八二頁。

（3）同前、九八～九九頁。

（4）赤坂憲雄『境界の発生』（講談社学術文庫、二〇〇二年〔初版一九八九年〕）一三頁。

（5）同前、一五頁。

（6）赤坂憲雄『排除の現象学』（ちくま学芸文庫、一九九五年）五四頁ほか。

（7）同前、六三頁。

（8）実際には、親の意向により、普通学級に「障害」児が在籍している事例もあります。

（9）中西宏次「境界の不可視化をめぐって―京都の坂の変容を事例に」（『年報教育の境界第一〇号』二〇一三年）

（10）二〇一五年「琳派四百年」記念事業が京都を中心に展開されました。

（11）京都刑務所は元京都所司代跡（上京区主税町付近）にありましたが、昭和二年に山科へ移転され、その跡地は昭和三年の大礼（昭和天皇）記念京都博覧会の西会場として使われました。

（12）本書一三〇頁～一三一頁参照。

（13）現在のフィリッピン、インドネシアなど東南アジア方面に日本軍を進出させること。

（14）現在も四日市コンビナートなどで操業。一九六〇年代には「四日市ぜんそく」の加害企業の一つになりました。

（15）現在のチッソ株式会社。戦後水俣病の加害企業になりました。

（16）中西宏次『戦争のなかの京都』（岩波ジュニア新書、二〇〇九年）七六～七七頁。

あとがき

「日本に、京都があってよかった」というキャッチコピーがあります。これは京都市が中心になって展開している「国家戦略としての京都創生事業」のなかで使われているもので、京都の景観写真のなかにこのコピーがあしらわれたポスターが、これまでに二十六種類ほどつくられています。

それらのポスターに使われている写真の大半は、洛中のものです。例えば京都御所、西陣、葵祭、祇園祭など。観光客に「京都があってよかった」と思ってもらえるスポットは、やはり洛中が圧倒的ということでしょうか。そして、そこのイメージは、「千年の古都」「伝統が息づく」「心が安らぐ」といったもののようです。

ところで、京都市は市域の面積が八二七・八七平方キロメートルあります。そのうち、狭義の洛中にあたるのは、上京区、中京区、下京区とすれば、三区の面積を合わせても二一・二二平方キロメートルにすぎません。鴨東の東山区を入れても二八・七平方キロメートルです。京都市で一番広い区は右京区で、面積二九二・〇七平方キロメートル。四区合計はその十分の一にも満たないのです。

この数字をもとに考えると、面積的には京都（市）のごく一部でしかない洛中が、京都イメージのなかではものすごく肥大化していることがわかります。

本書では、京都を「中心部」、「外部」、その中間（境界）ゾーンとしての「坂」に三区分しました。そして「坂」に視点を置くことにより、京都という都市を、漠然とした全体イメージや、洛中、洛外の二分割ではなく、もう少し丁寧に見ていこうとしています。これが成功したかどうかはわかりませんが、京都の歴史と現在は、決して「心が安らぐ」ものばかりではないこと、「みやび」「はんなり」「粋《すい》な」などのプラスイメージは、それらの対極イメージが「境界」や「外部」に放逐されて純化していったことなどは、不十分ではありますが、描けたのではないかと思っています。

私は、京都で生まれ育ち、今も住んでいます。旅行以外で京都を離れたことがないので、京都と切り離して自分を考えることはできません。その京都が「好きか、嫌いか」と問われれば、嫌いではありませんが、一筋縄ではいかない複雑な思いがあります。京都について調べることは、やはりいくつになっても「自分探し」に繋がるという実感があります。

大人になるまで京都の中心部で暮らしてきた（今は郊外の住宅地に住んでいますが）私が、周縁部＝坂と向き合ったことにより、「私にとっての京都」の内実が、今までより豊かなものになったような気がします。

私はまた、前著『戦争のなかの京都』以来、世間的に流布しているありきたりの京都像とは一味違う京都を発信したいと思ってきました。本書を読んでいただいた読者の「京都イメージ」が少し変わり、また「視点を変える」ことによって新しい視野が拡がっていくことに気付いていただくことができれば、著者にとってとても嬉しいことです。

最後に、本書の出版に際しお世話になった方々、特に、出版事情が良くない中、刊行を引き受けていただいた明石書店の皆様、特に直接関わってくださった大江道雅社長、編集部の森富士夫さんに心よりお礼申し上げます。

二〇一六年初秋

著者

〈著者紹介〉
中西宏次（なかにし　ひろつぐ）
一九四六年八月、京都西陣の聚楽第東堀跡に生まれ、育つ。一九七一年から二〇〇七年まで大阪府立高校教員（社会科、地歴公民科）、二〇〇九年から二〇一四年まで京都精華大学人文学部特任教授。二〇一四年から同大学特別研究員、非常勤講師。
著書
『聚楽第・梅雨の井物語』（阿吽社、一九九九年）『戦争のなかの京都』（岩波ジュニア新書、二〇〇九年）
共著書
『学校のことば・教師のことば』（一九九四年、東方出版）『学校のモノ語り』（二〇〇〇年、東方出版）『学校の境界』（二〇〇三年、阿吽社）『むかし学校は豊かだった』（二〇〇九年、阿吽社）『マンガで読み解くマンガ教育』（二〇一四年、阿吽社）など

京都の坂
――洛中と洛外の「境界」をめぐる

二〇一六年十月十日　初版第一刷発行
二〇一六年十月三十一日　初版第二刷発行

著　者　中西宏次
発行者　石井昭男
発行所　株式会社 明石書店
〒一〇一－〇〇二一　東京都千代田区外神田六－九－五
電　話　（〇三）五八一八－一一七一
ＦＡＸ　（〇三）五八一八－一一七四
振　替　〇〇一〇〇－七－二四五〇五
http://www.akashi.co.jp

装　丁　明石書店デザイン室
印刷・製本　モリモト印刷株式会社

ISBN978-4-7503-4409-6
（定価はカバーに表示してあります）